世界はラテン語でできている

ラテン語さん

SB新書

641

博学な人は常に、自身の中に財産を持っている。

Homo doctus in se semper divitias habet.

パエドルス 『寓話集』 より

はじめに

ラテン語ってなんだ？

　「ラテン語」と聞いて、何を思い浮かべますか？

　試しに私のまわりでこう聞いてみると、「古代ローマの人たちが使っていた言語」「英語の語源になっている言語」「学名になっている言語」などという答えが返ってきました。

　どれも間違っていません。

　ラテン語はイタリア半島中西部の、一都市の言語として産声を上げた言語です。それが古代ローマの勢力拡大に伴って通用する地域を広げていき、その後もヨーロッパの書き言葉に広く使われ、現在のフランス語、スペイン語、ポルトガル語、イタリア語、ルーマニア語などの元になっています。

　ルネサンス時代にはイングランドに住む文人たちがラテン語の多くの単語を英語に借用し、その結果ラテン語は英語の語彙にも影響を及ぼしています。

　また、イングランドがフランス系の勢力によって11世紀に征服された際（ノルマン・コンクエスト）には英語の語彙がフランス語の影響を受けましたが、そのフランス語の元がラテン語なので、ノルマン・コンクエストを経た英語の語彙はその点でもラテン語の影響を受けたことになります。

　日常生活でよく使われる英単語も、元をたどればラテン語が見えてくることがあります。たとえばpush「押す」も、元はラテン語のpulso「叩く」です。

　また、近代までは学者はラテン語で本を書くのが普通だったので、全世界で通用すべき学名としての言語にも、ラテン語が選ばれました。

実は身近なラテン語

しかし、それだけではありません。ラテン語はみなさんが想像しているより広い分野で、より長い期間にわたって使われているのです。

この本では世界史、政治、宗教、科学、現代、日本という6つのテーマを通じて、各テーマにラテン語がどのように関わっているのかを解説していきます。

実は、我々は気づかずにラテン語に触れており、また頻繁にラテン語由来の言葉に接しているのです。この本を読み進めるとともに、「何気なく使っているこの言葉はラテン語由来なんだ」と気づくはずです。

ラテン語に関わるもので最も頻繁に目にするのは、我々が日常的に使っているAからZの、いわゆる「アルファベット」と呼ばれる文字でしょう。これは、ラテン語を書くために古代ローマで生まれた文字なのです（正式には「ラテン文字」と言います）。ラテン文字が使われはじめて2500年以上経った今でも、日本を含めた世界の広い地域で使われつづけているというのは驚きに値するのではないでしょうか。

ところで、この本を現在読んでいるのは午前中ですか？あるいは午後でしょうか？

午前、午後というのを、AMやPMと表すのはよく目にされることかと思います。何気なく使っている表記ですが、実は午前を指すAMはラテン語の「正午の前に（ante meridiem）」、午後を指すPMはラテン語の「正午の後に（post meridiem）」の略なのです。

日常的に目にするラテン語としては、他にも「エトセトラ」が挙げられます。etc. と略される「エトセトラ」は、ラテン

語の et cetera「〜と他のものたち」が元になっているのです。また、犯行時に現場に居なかった証明を指す「アリバイ」も、元はラテン語の alibi「他の場所で」です。

このようなぐあいに、知らず知らずのうちに我々はラテン語由来の言葉を使っています。あらためて、ラテン語や古代ローマの影響力の強さを感じます。

私がラテン語をはじめた理由

そんなラテン語の影響力に魅力を感じたことが、私がラテン語の学習をはじめた理由の一つです。

申し遅れましたが、私は「ラテン語さん」という名前でX（旧Twitter）でラテン語の魅力を毎日発信しています。たとえば英単語の語源としてのラテン語や、ラテン文学の中で現代人の心にもささるような言葉、さらには古代ローマ時代に壁に刻まれた落書きなどを紹介しています。

私は、高校2年の時にラテン語の学習をはじめました。当時私は英語の点数を上げるために語彙を増やそうと、英単語の語源をよく調べていました。その際、語源としてよく登場するラテン語に興味を持ちました。語源を調べるのは面白く、たとえば vessel「船、容器」という英単語の語源は vascellum「小さな容器」というラテン語で、昔の人は中空の船を「容器」に見立てていたのだと分かり、そのような古い時代の考えを知ることができました。

また、高校時代の英語の先生が、自身が担任を務めるクラスの標語をラテン語で書いていたことの影響も大きいです。

その標語は SEMPER PARATUS「常に準備ができている」というもので、受験の準備ができているという意味合いで書

いたと聞きました。これは英語圏でも知られているラテン語で、たとえばアメリカ沿岸警備隊のモットーとしても使われています。

　その先生の机には研究社の『羅和辞典』があり、もしかしたら英語圏の人々はラテン語をある程度知っていて、英語圏で書かれたものを読むためにはラテン語の知識が要るのではないかと思いました。その時よく使っていた、同じく研究社の『新英和大辞典』の巻末に載っている、英語圏で知られている英語以外のフレーズ集に収録されていたものがほとんどラテン語だったこともよく覚えています。

　また、私が子供の頃から好きな東京ディズニーリゾートも、ラテン語をはじめたきっかけの一つです。東京ディズニーシー・ホテルミラコスタのロビーにイタリアの地形を描いた大きな絵が飾ってあり、その左下部分にかなり長い説明書きがラテン語で書かれているのです。これを読み解きたいと思ったのです。その地図は近代に作製されたもので、すでにラテン語を日常的に話す人はほとんどいませんでした。しかし、書き言葉としてのラテン語はよく使われていたので、その地図の説明書きもラテン語で書かれたのです。

ラテン語の世界へ

　さて、みなさんはラテン語を学んだことがありますか？

　ほとんどの方がないと思います。日本では、欧米のように学校で習うこともなく、ラテン語という言語が古代ローマで使われはじめた言語だということさえ知らない人も多いのではないでしょうか。

　しかし、日本人にもラテン語を学ぶ意義があるはずです。

ラテン語を学べば現代社会で目にする難しそうな言葉もそこまで難しくないことが分かり、新しく目にする用語に対する苦手意識もなくなります。たとえば、いつどんな場所でもつながれるネットワークを「ユビキタスネットワーク（ubiquitous network）」と呼びますが、ここでubiquitousという英単語はなじみがないと思います。しかし、その語源がラテン語で「どこでも」という、ごく簡単な意味を表すubiqueだと知れば、一見難しそうな新しい用語も身近に感じられると思います。このような利点が、ラテン語学習にあるのです。

　もちろん外国語をマスターすることは簡単ではありません。しかし、少し学ぶだけでも、見えてくる景色はあるはずです。私が「ラテン語さん」として、ラテン語の魅力を発信しているのも、少しでもラテン語に興味を持ち、学びはじめる人が増えればと思ってのことです。

　おかげさまでこれまでにも、「ラテン語さんの影響でラテン語をはじめました」という声を多数いただいており、本当にうれしい限りです。ラテン語は未体験という方にもこの本をきっかけにしてラテン語学習の第一歩を踏み出していただければ、こんなに幸せなことはありません。

　この本を読み終える頃には、ラテン語がいかに身近な存在であるかに気づいているでしょう。

　ぜひこの本を通じて、ラテン語の奥深い世界を一緒に探検していきましょう。その中ではラテン語の単語やフレーズだけでなく、ある程度の長さの文章も多数紹介していきます。実際のラテン語を目にすれば、「堅苦しそう」「学者の人以外には関係なさそう」といった、ラテン語のイメージが覆されることでしょう。

ラテン語の読み方について

　なお、この本では、引用部分のラテン語にはカタカナで読みを付記しています。

　その読みは、古代ローマ時代に話されていたと考えられる発音を元にしています。ラテン語は時代とともに発音が変わり、中世や近代の発音は古代ローマ時代のものとは変わってしまい、また特にヨーロッパでは地域によっても異なります。ですが、本書で古代ローマ時代の発音を選んだ理由は、古典語としてのラテン語においては古代ローマ時代の発音が標準とされているからです。

　つまり、古代ローマ時代の発音がラテン語学習者の規範となっているため、本書でもその時代の発音で読みを書きました。

　古代の発音といっても、特別難しいという訳ではありません。いわゆるローマ字読みと似ているので、日本語母語話者の方が現代のヨーロッパ人よりも古代ローマ時代の発音により近く発音できるのです。しかしながら、母音の長さには気をつける必要があります。たとえば、"amo"は「アモ」ではなく「アモー」と読みます。

　また、引用文自体も古代ローマ時代のラテン語の綴りに沿っていない箇所は古代ローマ時代の綴りに変更しました。

世界はラテン語でできている

目次

第 1 章

ラテン語と世界史

第 2 章

ラテン語と政治

第 3 章

ラテン語と宗教

第 **4** 章

ラテン語と科学

第 5 章

ラテン語と現代

第 **6** 章
ラテン語と日本

第 1 章

ラテン語と世界史

古代ローマで生まれたラテン語は、古代のイタリアのみならず、中世や近代においても影響力を持ちました。イタリアから遠く離れたアメリカ大陸やアジアにおいてもラテン語が使われた痕跡が見られたりするのが、その証拠です。本章では古代ローマのみならず後の各時代、イタリア以外の各地域においてもどのようにラテン語が使われたかを、歴史上の出来事とともに見ていきます。

語源で考える "history" と "story"

　世界史を語るうえでまずは、history「歴史」と story「物語」という英語の語源を探っていきましょう。

　私自身、history の語源については様々な説明を見聞きしてきました。たとえば、「history の語源は story だ」や、「history の語源は his story、つまり時の権力者である"彼"の story だ」などなど。この単語の語源に、多くの人が関心を持っていることを感じさせられます。

　結論から言ってしまえば、先ほど挙げた二つの説明は不正確なものになります。history の語源は、主には「探究、記述歴史、物語」などを指すラテン語 historia です。

　また、「年代記」や「物語」を指す古フランス語 estoire も現在の英単語 history に影響を与えています。この語源もラテン語 historia です。

　さらに言うと、ラテン語の historia も、そもそもは古典ギリシャ語 historíā「探究、歴史、物語」から借用されたものです。

　今度は story の語源を調べてみましょう。story の元は、先ほど取り上げた古フランス語 estoire です。したがって、

story も history も単語としては同じ語源にさかのぼれます。

　実際、中世の英語では story と history は区別なく使われていましたが、時代が下るにつれ、それぞれの単語が担う代表的な意味が分かれてくるようになりました。「history の語源は story」や、「history の語源は his story」という説明が不正確であることが、これではっきりしたと思います。

　そういえば、story には他に two-story house「二階建ての家」のように、「階」という意味もあります。これは、中世ラテン語 historia の特殊な意味「階」からの影響が強いです。

　なぜラテン語 historia が「階」を指すようになったかというと、元々の意味から派生して「キリスト教に関する"物語"の場面を描く彫刻が飾られるような、教会の一部分」という意味が新たに生まれたからです。英語の story が「階」を指すのはこのためです。

地名に残るローマ帝国の遺産

　さて、history「歴史」という単語の語源を語り終えたので、実際の世界史を見ていきましょう。まずはラテン語について語るうえで欠かせない、ローマ帝国です。

　ローマという都市は、できた当初（言い伝えによれば紀元前753年）はイタリア中西部に位置するほんの小さな共同体に過ぎませんでした。

　それが次第に勢力を増していき、イタリア半島を統一したのみならず周辺の国々を勢力下におさめ、ローマ帝国の版図が最も広かった時期には北アフリカから中東、バルカン半島、そして現在の西ヨーロッパの大部分が支配地域に入っていました。

たとえば、現在イングランドとスコットランド、ウェールズがあるグレートブリテン島も、一時期はその大部分がローマ帝国の支配下に入っており、現在でもローマ帝国の痕跡(こんせき)が数々見られます。

代表的なものが、「ウスター（Worcester）」や「マンチェスター（Manchester）」などの地名の後半にある-cesterや-chesterです。これらの語源はラテン語のcastrum「城砦」でつまり-cesterなどの要素が入っている地名は昔、ローマ兵が築いた城砦があったことを表しています。

さらには「チェスター（Chester）」という、その名もズバリな地名もあります。チェスターには、ローマ軍が残した城壁が現存しています。

先ほど出てきたラテン語castrum「城砦」に指小辞(ししょうじ)（小さいことをあらわす接辞(せつじ)）がついたcastellum「城砦」という単語は、英語のcastle「城」の語源になっています。カタカナで「シャトー」と表記されるフランス語château「城」の語源も、このcastellumです。

他にも「グリニッジ（Greenwich）」などの地名にもラテン語の痕跡があります。天文台を持ち、GMTと略される「グリニッジ標準時（Greenwich Mean Time）」などで有名なこの地の名前の後半部分（-wich）は、実はラテン語のvicus「村」が元になっています。

また、「サンドウィッチ（sandwich）」の名前の元であるサンドウィッチ伯爵の名前の由来はサンドウィッチ（Sandwich）という地名で、この地名の後半部分の起源もラテン語のvicusなのです。

ちなみにサンドウィッチを考案したと考えられているのは

4 代目のサンドウィッチ伯爵で、西暦 2024 年現在のサンドウィッチ伯爵は 11 代目です。この 11 代目のサンドウィッチ伯爵は、Earl of Sandwich というサンドウィッチチェーンの創業者の一人でもあります。

　他にもローマ帝国の名残が見られる地名として、グレートブリテン島の南部、海に面した「ポーツマス（Portsmouth）」が挙げられます。前半部分が、「港」という意味のラテン語 portus が元になっているのです（英語の port「港」の語源もこの portus です）。

　日本人が覚える「ポーツマス」といえば日露戦争の講和条約である「ポーツマス条約」かと思いますが、この「ポーツマス」はイングランドにある地ではなく、アメリカ合衆国のニューハンプシャー州にある「ポーツマス（イングランドのポーツマスにあやかって命名された）」を指します。

「植民地」の語源になったローマ帝国の植民活動

　現在のイギリスだけでなく、ヨーロッパの大陸部分でもローマ帝国の遺産と呼ぶべき地名はいたるところに見つけられます。

　ここでは、ドイツにある「ケルン（Köln）」を取り上げます。ちなみに、フランス語の「オーデコロン（eau de Cologne）」の「コロン」はフランス語で「ケルン」を指し、「オーデコロン」は「ケルンの水」という意味になります（この都市で調合法が考案されたことから、この名が付きました）。

　少し話がそれてしまいました。ケルンという地名の語源は、ラテン語の colonia「植民市」です。ローマ帝国時代、この地はクラウディウス帝の妻である小アグリッピーナを称える

ためにColonia Claudia Ara Agrippinensium「クラウディウ
ス植民市、アグリッピーナの民たちの祭壇」と名付けられま
した。

　意外なことに、そのうちのcolonia「植民市」という、固
有名詞ではなく一般名詞の部分が現在の地名「ケルン」の元
になっているのです。また、coloniaは英語のcolony「植民
地」の語源にもなっています。

　ここに出てきた小アグリッピーナは高校の世界史の授業で
も習うことはほぼなく、古代ローマ史が好きな人以外にはあ
まり知られていないと思いますが、彼女は暴君として有名な
ネロ帝の母親にあたる人物で、後にネロが派遣した兵により
暗殺されてしまいます。

「ローマ」と「ロマンス」

　「ローマ」に関わる語源を持つ単語は地名のみならず、様々
な地域の現代語にも見られます。

　その中でも代表的なのが、「ロマンス（romance）」です。
「ロマンス」の語源についても様々な説を、私はこれまでに
読んだり聞いたりしたことがあります。

　たとえば「ロマンチック（romanceからの派生語）の由来
は、『まるで古代ローマ人のように情緒豊かな』という意味
だ」や、「恋愛を指すromanceという単語には、イギリス人
の古代ローマへの思いが込められている」などというもので
す。

　しかしながら、これらの説明は正確ではありません。
romanceの語源は、ラテン語のromanice「俗語で」です。
そのromaniceは確かにラテン語のRoma「ローマ」からの

派生語なのですが、なぜ「俗語で」という意味になったのでしょう？

　ローマ帝国の版図では、本を書く際やあらたまった場所で使われる文語としてのラテン語の他にも、市民が日常生活でコミュニケーションに用いた俗語もありました（これは「俗ラテン語」と呼ばれるもので、フランス語、イタリア語、スペイン語などの元になった言語です）。

　その俗語で話すことを、parabolare「話す」という動詞を用いてラテン語で"romanice parabolare"と言ったのです。ではなぜ、我々は「ロマンス」や「ロマンチック」という単語から恋愛などを連想するのでしょう？

　それは、俗語で書かれた文学作品の中に恋愛ものが見られることに由来しています。他にも、俗語で書かれた文学作品には、冒険や空想を扱うものもあったことから、英語のromanceには「虚構」という意味もあります。

　さらに「ロマンス」つながりで言うと、フランス語のroman「小説」やドイツ語のRoman「小説」もこの「ロマンス」と関係があります（ドイツ語のRomanはフランス語romanが元）。

　フランス語のromanは元々俗語で書かれた文学作品を指し、これが後に「小説」という意味も表すようになったのです。

　そういえば、古代ローマ時代ではラテン語で書かれた小説は稀でした。現存する作品を挙げるとしてもペトローニウスの『サテュリコン』とアープレイユスの『黄金の驢馬』くらいです。小説は、比較的あとの時代に盛り上がった文学ジャンルなのです。

カエサルは「賽は投げられた」と言ったのか？

　ペトローニウスやアープレイユスの名前を挙げましたが、彼らを知る方は少ないのではないでしょうか。現代で広く知られているローマ人は、政治家や軍人が主となっています。ここでは特に有名な人物としてカエサルにスポットライトを当てて解説していきます。

　ユーリウス・カエサル（Iulius Caesar、英語の発音ではジュリアス・シーザー）は軍人としての側面が有名ですが、政治家や弁論家でもありました。

　ローマ帝国初代皇帝アウグストゥスの大叔父にあたる人物で、カエサルは遺言において彼（当時は「オクターウィアーヌス」という名前）を養子としました。

　その際、オクターウィアーヌスは自分の名前に「カエサル」を加え、Gaius Iulius Caesar Octavianus（ガーイウス・ユーリウス・カエサル・オクターウィアーヌス）と呼ばれることになりました。

　後の時代の皇帝も「カエサル」を名前に入れており、たとえば皇帝ネロも、名前を全て書くと Nero Claudius Caesar Augustus Germanicus（ネロー・クラウディウス・カエサル・アウグストゥス・ゲルマーニクス）になります。

　さらに、caesar というラテン語は「皇帝」そのものを指す際にも使われるようになりました。また、ロシア帝国において皇帝の称号として使われた царь「ツァーリ」の語源にもなっています。

　時々勘違いされますが、「シーザーサラダ（Caesar salad）」の「シーザー」はカエサルではなく、アメリカ合衆国でレストランを営んだイタリアからの移民 Caesar Cardini（シーザ

ー・カルディーニ）の名前が
元になっています。

　このように後の時代にも影
響を与え、シェイクスピアの
戯曲『ジュリアス・シーザ
ー』の題材にもなった歴史上
の重要人物カエサルの名前を
さらに有名にしたのは、彼が
言ったと伝えられている「賽
は投げられた」と「ブルータ
ス、お前もか」という二つの
名言です。

カエサル（紀元前100～紀元前44）

　まずは「賽は投げられた」を見ていきましょう。英語でも
同じ意味の "The die is cast." は広く知られたフレーズになっ
ています（ここでのdieは「死」ではなく、「サイコロ」とい
う意味です。ちなみに「サイコロ」の英訳としてdieよりも
一般的に知られているdiceは、dieの複数形です）。

　カエサルが政敵と争っている時期、彼はローマから遠く離
れた属州にいました。そんな中、ローマにおいてはカエサル
の武装解除とローマへの召喚が元老院で決議されてしまい
ました。

　そこでカエサルは自分の軍に「神々のお示し、我が政敵た
ちの不正が呼ぶ地へいざ行こう。賽は投げられた（Eatur
quo deorum ostenta et inimicorum iniquitas vocat. Iacta alea
est.）」と言い、属州とローマ本国の境界線にあたるルビコン
川を渡り、ローマに進軍したと伝えられています。これに由
来して、英語でcross the Rubiconというと、字義通りには

「ルビコン川を渡る」という意味になりますが、「後に引けない決定的な行動に出る」ことを指します。

　という話だけならすっきり終わるのですが、実はこれには続きがあるのです。「賽は投げられた」と言ったと伝えているのはスエトニウスという歴史家の書いた『皇帝伝』なのですが、アッピアノスやプルタルコスなどの古代の他の歴史家は、カエサルはこの時「賽は投げられたことにせよ」という命令形で言ったと伝えているのです。

　さらにルネサンス時代に、痴愚の神による自画自賛演説という形式の有名な文学作品『痴愚神礼讃』を書いたエラスムスも、「賽は投げられたことにせよ（Iacta esto alea）」と言ったのではないかという解釈をしています。

　どちらが正しい説でしょうか？　「賽は投げられた」も「賽は投げられたことにせよ」も、字面だけを見ればどちらもカエサルが言ったこととして想像可能だと思います。

　「賽は投げられた」であれば「もうすでに我々は後戻りできない状態にあるから、ローマに進軍しよう」ということを指し、「賽は投げられたことにせよ」であれば「ローマに進軍すればもう後戻りできない重大なことを我々はこれから行うことになるというのは分かっているが、もうやってしまおう」という気持ちなのだと解釈できます。

　そこで、あらためてスエトニウスの『皇帝伝』を読むと、あの言葉の前にカエサルは「今でも引き返すことはできる。しかし、もしこの小さな橋を渡ったら、全てが武力で決まることになるであろう（Etiam nunc regredi possumus; quod si ponticulum transierimus, omnia armis agenda erunt.）」と言ったと書かれているのです。

　ということは、ルビコン川を渡っていない時点では引き返そうと思えば引き返すことも十分可能であり、「賽は投げられた」という言葉から想定される「もうすでに我々は後戻りできない状態にあるから、ローマに進軍するしか未来はないのだ」という状況とは矛盾します。

　したがって、カエサルは「賽は投げられた」でなく、「賽は投げられたことにせよ」と言ったと考える方がより自然だと思われます。

　これはあくまでも私や一部の研究者の考えであり、「賽は投げられた」と言ったと考える人々には違う論理があるかもしれません。

「ブルータス、お前もか」

　続いて、カエサルが暗殺された時に発したと伝えられる「ブルータス、お前もか」について見ていきましょう。英語圏でも同じ意味のEt tu, Brute?「お前もか、ブルータスよ」というラテン語が知られています。

　先ほども話題に上ったスエトニウスの『皇帝伝』によると、カエサルの暗殺場面は次のように書かれています。

atque ita tribus et viginti plagis confossus est uno
modo ad primum ictum gemitu sine voce edito, etsi
tradiderunt quidam Marco Bruto irruenti dixisse:
καὶ σὺ τέκνον;

「そしてこのように23もの刺し傷を受け、言葉は発さなかったが最初に刺された際に一度だけうめき声をあげた。ただ、襲い掛かってくるマールクス・ブルート

ゥスに対して『息子よ、お前もか？（古典ギリシャ語
　kaì sú, téknon?）』と言ったと伝える人たちもいる」

　「ブルータス、お前もか」という言葉はここには見当たり
ません。「息子よ、お前もか？」という言葉はあれどギリシ
ャ語で、しかも引用したスエトニウス本人は「カエサルは暗
殺される際に言葉を発しなかった」という立場なのです。
　では "Et tu, Brute?"「ブルータス、お前もか」というラテ
ン語はどのように広まったのかというと、これはシェイクス
ピアによる『ジュリアス・シーザー』の影響が大きいと思わ
れます。
　ちなみに Et tu, Brute? というラテン語自体は、シェイクス
ピアが書いたと考えられている『ヨーク公リチャードの真実
の悲劇』という、『ジュリアス・シーザー』より前の戯曲に
も登場します。
　どうやら、ここまで見てきた通り "Et tu, Brute?" というフ
レーズ自体をカエサルは口にしていないようですが、この文
はラテン語の「呼格」を学ぶためにちょうどいいものです。
　「呼格」というのは呼びかけの際に用いられる語形で、大
体の場合は「主格」という、その語が文の主語である時の語
形と同じなのですが（pater「父は」、Pater!「父よ！」）、主
格の形が-us で終わる第二変化の男性名詞というグループに
当てはまる名詞は、呼格と主格の形が違うのです。
　たとえば、「生徒は」は discipulus で、「生徒よ！」は
Discipule! です。「ブルータス、お前もか」という意味のラ
テン語 Et tu, Brute? の Brute も呼格「ブルータスよ！」の形
なのです。主格であれば Brutus です。また、et tu「お前も

「カエサルの死」（ジャン=レオン・ジェローム、1867年作、ウォルターズ美術館所蔵）
カエサルの死を描いた絵画は多数あり、これは有名なものの一つ。左手前に倒れる人物が暗殺された
カエサル

か」のetは「〜も」、tuは「お前（が）」という意味です。

　固有名詞が変化するというのは、日本語話者にとってはなじみがないのではないでしょうか。今度「ブルータス、お前もか」のフレーズを目にする機会があれば、呼格のことも思い出してあげてください。

ギリシャ、アラビア、ラテンがつながる

　ローマ帝国の繁栄を通じてヨーロッパにラテン語の名残が見受けられることはすでに紹介しました。さて、世界史においては、ヨーロッパ諸国を脅かした強国・オスマン帝国など、ヨーロッパに隣接するイスラーム世界も見逃せません。

　ヨーロッパ世界がイスラーム世界と密接に関わってきた名残、これも言葉に見ることができます。

　意外かもしれませんが、音楽などの調子という意味の「リズム」と「アルゴリズム（ある特定の問題を解いたり、課題

を解決したりするための計算手順や処理手順）」は語源が違います。これはリズムがrhythm、アルゴリズムがalgorismという綴りということを知れば、より納得しやすいと思います。

　二つのうち「リズム」はギリシャ語由来、「アルゴリズム」はアラビア語由来の語です。「リズム」は古典ギリシャ語rhuthmós「リズム、拍子」が元で、rhéō「流れる」という動詞と関連付けられています。

　ちなみに、古典ギリシャ語ではrの音は音声学の専門用語で言うと「有声歯茎ふるえ音」という音なのですが、そのrでも語頭に立つ場合は「無声歯茎ふるえ音」になります。この無声歯茎ふるえ音を、ローマ人は古典ギリシャ語をラテン文字で表す際にrhと綴りました。

　この語頭のrh-が英語のrhythm「リズム」、rheumatism「リウマチ」、rhapsody「狂詩曲」、rhetoric「レトリック」、rhino「サイ」、rhombus「ひし形」、rhyme「押韻」などの綴りに残っています。rh-で始まる英単語を見つけたら、ほぼ古典ギリシャ語からラテン語を経由した単語と考えていいでしょう。

　一方、「アルゴリズム」の元をたどってみると、一旦は中世ラテン語のalgorismus「アラビア式の記数法」にたどり着きます。さらにさかのぼると、al-Khwārizmī（アル・フワーリズミー）という人名に行きつきます。

　この人物はアラビアの数学者・天文学者で、アル・フワーリズミーは通称です。本名は複数の説がありますが、一説によればアブー・アブドゥッラー・ムハンマド・イブン・ムーサー・アル・フワーリズミーと言います。

　「アル・フワーリズミー」という通称は「ホラズム出身の人」という意味で、ホラズムというのは現在のウズベキスタンやトルクメニスタンと部分的に重なる地域です。

　このアル・フワーリズミーが関連している語源を持つ英単語に、algebra「代数学」があります。この語源はアラビア語のal-jabr「復元すること」です。

　この語を彼は方程式を解く際の「移項」の意味で使っていたようで、彼の著作『移項と、両辺から同等の項を引くことによる計算についての簡潔な書（*al-kitāb al-mukhtaṣar fī hisāb al-jabr wal-muqābalah*）』のタイトルにあるal-jabrという用語がラテン語を通じて、現在もヨーロッパの様々な言語において"algebra"やそれに類する単語が「代数学」という意味で用いられています（フランス語algèbre、スペイン語álgebra、イタリア語algebra）。

　ところで、先ほどからal-Khwārizmīやal-jabrなど、語頭にal-がつく単語が多いと感じたのではないでしょうか。少し余談ですが、このalはアラビア語の定冠詞（英語のtheのようなもの）で、アラビア語由来の英単語にもよく登場します。

　一部の例を挙げるだけでもalchemy「錬金術」、alcohol「アルコール」、alcove「壁龕（へきがん）」、宮殿の名前になっているAlhambra（アルハンブラ）、alkali「アルカリ」、almanac「年鑑」、星の名前ではAltair（アルタイル）やAldebaran（アルデバラン）などがあります。これらの語の多くはアラビア語から中世ラテン語を通じて英語に入ったものです。

　ここで一つ、alchemy「錬金術」を見てみましょう（alchemyの派生語が使われている漫画『鋼の錬金術師』の英語名

Fullmetal Alchemist をご存じの方もいると思います)。

　この単語の元はアラビア語 al-kīmiyā'「科学、錬金術」で、al の部分は先ほど述べたように、英語の the に相当する定冠詞なのですが、後ろの kīmiyā' はアラビア語はアラビア語でも、古典ギリシャ語（khumeía「合金技術」）由来です（ちなみに kīmiyā' は chemistry「化学」の語源でもあります）。

　つまり、英語の alchemy「錬金術」は古代ギリシャからイスラーム世界、そしてそこからまたヨーロッパに戻ってくる旅をしているのです。

　同様の例は carat「カラット」で、これもアラビア語から中世ラテン語 caratus を通じてヨーロッパでも広く使われるようになりましたが、caratus の元であるアラビア語の qīrāṭ の語源は古典ギリシャ語の kerátion「イナゴマメの実、小さい角」なのです。

　このように、語源を探っていくことで各地域の歴史的なつながりが見えてきて、そこにロマンを感じます。

ロックダウン中の営業は許されるか？

　ローマ帝国の勢力が弱まり、東西分裂なども経て西ローマ帝国が滅亡（５世紀後半）してしばらく経った中世においても、ラテン語の影響は強いままでした。現に当時のヨーロッパでは、法律関係の文章はラテン語で書かれていました。

　その中で現在も有名なのは「マグナ・カルタ（Magna Charta）」です。「大憲章」と訳され、基礎となっているのは1215年にイングランドのジョン王が諸侯たちの圧力に屈して調印した、ラテン語で書かれた勅許状です。王室の権限を制限する内容で、憲法の草分け的存在です。

　他にもラテン語で書かれたイギリスの有名な史料としては、「ドゥームズデイ・ブック（Domesday Book）」という、ウィリアム1世の命令によって11世紀に作成された全国的な土地調査の記録があります。これは、世界初の土地台帳として知られています。

　Domesday は世の終わりに神が行う「最後の審判」を指し、最後の審判は変えることができないものであるように、この記録も変えることができないくらい厳格なものだという意味で、後世の人が付けた名前です。

　話を戻して、マグナ・カルタについて解説します。「マグナ」はラテン語で「大きい（magna）」という意味で、日本列島にある「フォッサマグナ」という地帯の名前にもあります。意味は「大きな溝（fossa magna）」です。

　さらに、地震の規模を示す「マグニチュード（magnitude）」の語源になっているラテン語 magnitudo「大きさ」はこの magna の派生語です。他にも、「壮大な」という意味の英語 magnificent の語源にもなっています。

　「カルタ」の方は「憲章（charta）」という意味ですが、元は「パピルス紙」を指す言葉です。「パピルス紙」から、そこに書かれるものも指すようになり、「書類」そして「憲章」も意味するようになりました。英語の charter「憲章」の語源にもなっています。

　その他にも英語の card「カード」や chart「海図」、carton「箱、カートン」、日本語の「カルタ」（ポルトガル語 carta を通じて入ったもの）、ドイツ語の Karte「カルテ」や Kartell「カルテル（元の意味は「契約書」）」の語源にもなっています。

また、「アラカルト（一品料理）」の元になったフランス語
à la carte「（コースではなく）一品料理で」の中にある carte
「メニュー」の元もこの charta です。ちなみにフランス語で
menu は「コース料理」という意味です。

　マグナ・カルタが制定されたのは中世のことですが、実は
現代でも話題になりました。2020年11月のニュースです。

　イングランド北部のブラッドフォード近郊に住む、とある
美容師がコロナ禍のロックダウンにもかかわらず美容室の営
業を続け、1万7000ポンド（当時の換算で約236万円）もの
罰金を科された際にマグナ・カルタの第61条を引用して抵
抗し、罰金の支払いには応じなかったという内容です。

　現在はマグナ・カルタのほとんどの条項は無効とされてい
るという身も蓋もない話はさておいて、仮に有効だとしても
第61条を盾にロックダウン中の営業停止命令に抵抗するこ
とは可能なのでしょうか？　条文の一部を原文とともに見て
いきましょう。

クム　　アウテム　　プロー　デオー　エト　アド　　エーメンダーティオーネム　　レーグニ
Cum autem pro Deo, et ad emendationem regn
ノストリー　エト　アド　メリウス　　　ソーピエンダム　　ディスコルディアム　インテル　ノース
nostri, et ad melius sopiendam discordiam inter no
エト　バローネース　　ノストロース　　オルタム　　ハエク　オムニア　　プラエディクタ
et barones nostros ortam, haec omnia praedicta
コンケッセリムス　ウォレンテース　エア　インテグラー　エト　フィルマー　スタビリターテ
concesserimus, volentes ea integra et firma stabilitate
イン　ペルペトゥウム　　ガウデーレ　　ファキムス　エト　コンケーディムス　エイ
in perpetuum gaudere, facimus et concedimus eis
セークーリターテム　　スブスクリープタム
securitatem subscriptam.

「さらに、朕は、神のために、かつ朕の王国の改善を
念とし、また朕と朕のバロンたちとの間に発生した不
和を、よりよく鎮めることを念として、これら上記の
全てのものを許容したのであるから、〔今〕それらの

ものが完全にして確固たる安全性を永久に享有することを欲しつつ、朕は以下に記す保証を彼ら〔バロンたち〕に対して為し且つ許容する」（田中秀央『マーグナ・カルタ 羅和対訳』より）

　注目すべきはbaronesという単語で、これは「領地を与えられた王の直臣（じきしん）」という意味です（英語のbaron「男爵」の語源）。つまり、マグナ・カルタは彼らと国王の間で結ばれた約束事なのです。

　王の直臣のような位の高い人と国王しか関わらないので、マグナ・カルタは一国民の行動を許容するための理由として使うことができるものではないのです。残念ですが、ロックダウン中のお店の営業が認められるには他の法律を探すしかなさそうです。

ありありと語られる伝染病の恐ろしさ

　美容室が休業を強いられたコロナ禍の前から、人類は度々（たびたび）恐ろしい感染症を経験しています。その中でも中世末期のヨーロッパを襲った「黒死病（こくしびょう）」、ペストの感染はかなり悲惨なもので、当時のヨーロッパ人口の半分近くの命が奪われることになりました。

　このようなペストの感染は1348年からヨーロッパにおいて数年続いた大流行の後も世界各地で度々繰り返されており、近年の日本では見られませんが、アフリカなどの各地域では現在も感染が見られます。

　余談になりますが、14世紀半ばにボッカッチョによって書かれた『デカメロン』という作品は、10人の登場人物が

10日の間に物語を1日1話話すという内容なのですが、この10人はペストの流行から逃れるため郊外に避難しているという設定なのです。

　ちなみに、『デカメロン』は『十日物語』とも訳されます。デカは古典ギリシャ語のdéka「10」、メロンは古典ギリシャ語のhēmérā「日」が元なので、「デカメロン」が「十日」という意味合いであることによります。

　ペストと人間の闘いに話を戻しましょう。

　ここで取り上げるのはまさに大流行の時代を生きた公証人ガブリエーレ・デ・ムッシ（1280頃〜1356頃）が書いた『疾病の歴史』（1350頃）です。この作品には当時の感染状況の鮮明な記述が含まれており、疫病の恐ろしさが生々しく伝わってきます。

　ペストにかかっても抗生物質を使ってある程度対処できる現代とは異なり、病気のメカニズムすら知られていなかった当時は、人々も効果的な予防法を知らず、ペストに感染しても為す術がありませんでした。

Omnis civitas, omnis locus, omnis terra et habitatores
eorum utriusque sexus, morbi contagio pestifero
venenati, morte subita corruebant. Et cum unus
coeperat aegrotari, mox cadens et moriens universam
familiam venenabat.

「都市全域が、あらゆる場所が、あらゆる地が、あらゆる住民が男女関係なくこの病の致死的な感染に侵され、感染直後に死んだ。そして家族のうち一人が感染すると、その人が倒れて死の淵に立ち、家族全員の感

染を引き起こしたものであった」

　感染のメカニズムを知らない当時の人からすると、見えない何かによって人がバタバタと倒れて亡くなっていく様子はとてつもなく恐ろしいものだったのだろうと想像できます。

　また、この『疾病の歴史』には他にも、感染によって人がいなくなった町のある家に略奪に入った兵士たちが毛布を盗んでそれにくるまって寝たところ、その後亡くなってしまったという話も載っています。おそらく、毛布にいたノミが兵士をペスト菌に感染させたのでしょう。

　感染者が出ると家族からも避けられたという話も登場し、避けられた人の思いまでも記されています。

　以下は父親の言葉です。

オー　フィーリイー　クォース　スードーレ　エト　ラボーリブス　ムルティース　エードゥカーウィー　クール
O filii , quos sudore et laboribus multis educavi, cur
フギティス
fugitis?
「わが子たちよ、汗水たらして必死で働いて育てたというのに、なぜ俺を避けるのだ」

アッケーディテ　プロクスィミー　エト　コンウィーキーニー　メイ　エーン　スィティオー　アクァエ
Accedite proximi et convicini mei. En sitio, aquae
グッタム　ポッリギテ　スィティエンティー　ウィーウォー　エゴ　ノーリーテ　ティメーレ
guttam porrigite sitienti. Vivo ego. Nolite timere.
「家族たちよ、隣人たちよ、こっちに来い。喉が渇いた。水を少しくれないか。私はまだ生きているのだ。怖がらないでくれ」

　ヨーロッパの全人口の半分近くを奪ったというすさまじい感染だったので、このような家族内での隔離というのは珍しいものではなかったと考えられます。600年以上の時を隔て

ても、感染者の体だけでなく心の苦痛まで伝わってきます。

大航海時代の名残

　ペストの猛威がいったん収まった15世紀からは、有名な「大航海時代」の幕が開きます。

　コロンブスやマゼランのような冒険家が登場し、航海技術の向上もあってスペインやポルトガルを主としたヨーロッパ諸国がアジア、アフリカ、アメリカ大陸に本格的に進出しました。

　オーストラリアは、この大航海時代に関わりのある国名です。元はラテン語の「南の土地（Terra Australis）」でした。

　しかし考えてみると、確かにオーストラリアは南半球にはありますが、仮にそのような名付け方であったなら南半球にある土地全てが「南」、北半球にある土地なら「北」が語源の地名になってしまいます。

　実はオーストラリアの語源としての「南」というのは、大航海時代のヨーロッパ人から見た「南」を指すのです。たとえば1570年に作られたオルテリウスの世界地図では、オーストラリアを含む南極に近い土地は「未だ知られていない南の地（ラテン語でTerra Australis Nondum Cognita）」として一つの大きな大陸のように描かれています。

　その当時はオーストラリアに上陸したことのあるヨーロッパ人も皆無で、オーストラリア大陸の地形も知られていませんでした。後になって、ざっくりと南の土地全体に与えられていた名前が、オーストラリアの国名として残ったのです。

　余談ですが、オーストラリアの語源としてのラテン語australis（アウストラーリス）の読みを知って、「アウスト

ラロピテクス」とも関係があるのではないかと想像される方もいるかもしれません。

　その推測は正しく、アフリカで発見されたこの初期人類に付けられた学名 *Australopithecus* は「南の猿」という意味合いです。

新大陸にまで残ったローマ皇帝の名

　ところでオーストラリアと時々混同されてしまうのが、「オーストリア」です。オセアニアのオーストラリアと、ヨーロッパのオーストリアが似たような名前なのを不思議に思ってきた人もいるのではないでしょうか。

　「オーストリア（Austria）」という国名は、昔のドイツ語 ôster-rîche「オーストリア」をラテン語化させたものが元になっています（ちなみに現在のドイツ語では Österreich）。

　ôster-rîche の意味合いは「東の国」です。この単語の ôster の部分は、英語の east「東」と語源が同じです。というわけで、「オーストラリア」と「オーストリア」は似た響きですが、語源の指す方角が違っているのです。

　ただ、話はこれでは終わりません。先ほど紹介したオーストラリアの語源としてのラテン語 australis「南の」とオーストリアの語源としての古いドイツ語の ôster「東の」は、なんと同じ語源にさかのぼることができるのです。

　それがインド・ヨーロッパ祖語における *h₂ews-（ヘウス）です。h の文字の後に小さく 2 という数字があるのは、インド・ヨーロッパ祖語において /h/ の音は 3 あるいは 4 種類あると考えられており、*h₂ の音はそれらのうちの 2 種類目の h の発音で読まれるべきものであることを表しています。

まず、インド・ヨーロッパ祖語について説明しましょう。

　ラテン語やフランス語、ドイツ語や英語などは一つの系統にまとめられる言語です。「インド・ヨーロッパ語族」という、言語の家族を形成しています。

　この語族に属する全ての言語の元をたどると祖先となる言語に行きつき、これを「インド・ヨーロッパ祖語」と言います。その言語から様々な子孫に分かれ、現在の英語やドイツ語、フランス語、ヒンディー語などがあるのです。

　*h₂ews- のように頭にアスタリスクを置くのは、これが「推定された形」だということを示しています。インド・ヨーロッパ祖語は碑文や書物などで確実に確認できる語形がないため、研究者は祖語の形を、子孫の言語たちの語形を元にして推測するしかないのです。

　話をオーストラリアとオーストリアの語源に戻しましょう。*h₂ews- は「東、暁」を指し、*h₂ews- からラテン語になるまでに何かしらの理由で「東」が「南」を意味するようになったと考えられています。

　*h₂ews- が元になっている有名な語は他にも、英語の「オーロラ（aurora）」があります。これは、ラテン語の aurora「暁」が綴りをそのままにして英語に入ったものです。

　古代ローマには、aurora「暁」から派生した人名がありました。その一つが３世紀のローマ皇帝アウレーリアーヌス（Aurelianus）です。

　そして、この皇帝の名前を元にした都市に Civitas Aurelianorum「アウレーリアーヌスの民たちの都市」というものがあり、これは現在のフランスの「オルレアン（Orléans）」です。

　さらにアメリカ合衆国のルイジアナ州には、オルレアンの名前を元にした地名「ニューオーリンズ（New Orleans）」があります。新大陸にある地名にまで、ローマ皇帝の名残があるのです。

ラテン語で明らかにされたコロンブスの航海

　大航海時代を生きた人物として、最も有名な一人が、新大陸を「発見」したと伝えられるクリストファー・コロンブス（1451〜1506、ただし生年は諸説あり）でしょう。

　彼の名はアメリカ合衆国を擬人化した呼び名Columbia、あるいは南アメリカ大陸にある国「コロンビア（Colombia）」などの元にもなっています。また、アメリカ合衆国の首都であるワシントンD.C.のD.C.は「コロンビア特別区（District of Columbia）」の略です。

　コロンブスの航海の詳細は、同時代人のペドロ・マルティル（1457〜1526）が本にしています。彼はコロンブスと文通し、コロンブスとともに海を渡った人たちにもインタビューをしていました。

　本の名前は『新世界について（*De Orbe Novo Decades*）』といい、ラテン語で書かれています。この本が刊行された16世紀前半のヨーロッパに至っても、書物をラテン語で書くことはまだまだ一般的でした。

コロンブス

さて、『新世界について』ではコロンブスの航海がどのように描かれていたのか、実際に見ていきましょう。

Ab his igitur insulis Colonus occidentem solem semper secutus, licet in laevam paulisper, tres et triginta continuos dies caelo tantum et aqua contentus navigavit. Hispani comites murmurare primum tacite coeperunt. Mox apertis conviciis urgere, de perimendo cogitare, demum vel in mare proiiciendo consulebatur: se deceptos fuisse ab homine Ligure, in praeceps trahi qua numquam redire licebit. Post tricesimum iam diem furore perciti proclamabant ut reducerentur, ne ulterius procederet stimulabant hominem. Ipse vero blandis modo verbis, ampla spe modo, diem ex die protrahens, iratos mulcebat, depascebat. Optatum tandem terrae prospectum laeti suscipiunt.

「コロンブスはそれらの島々から離れ常に西に進み、左手（南の方向）に進むこともあったが、33日の間休みなく、空気と水だけで満足して航海した。同行人であったスペイン人たちは、まずはひそかに不満を口にしはじめた。やがて船員たちはあからさまに罵倒してコロンブスを責め、彼の殺害も考えた。ついには彼を海に投げ捨てることも計画されていた。船員たちは『俺たちはあのリグーリア人（コロンブス）に騙されて、決して戻れないところに連れて行かれているのだ』と考えたのだ。30日後、怒りのあまり船員は自分たちを戻してくれと要求し、これ以上進まないようにコロン

ブスを駆り立てようとした。一方、彼は一日一日と時間稼ぎをして時に優しい言葉で怒る船員たちをなだめ、時に大きな希望を彼らに差しだしていた。そしてついに、ずっと待ち望んでいた陸地の景色を目の当たりにして、船員たちも喜んだ」

　ここに引用したのはほんの一部分ですが、大航海時代の冒険がいかに命がけで、運に左右されるものであったかがお分かりいただけたのではないでしょうか。長い航海での船員たちのストレス、そしてそれに対処しようとするコロンブスの姿がありありと目に浮かんできませんか。

　マルティルの『新世界について』は、『新世界とウマニスタ』の題で岩波書店から和訳本も出ています（絶版）。コロンブスの冒険に興味のある方は、ぜひ読んでみてください。

「ラテンアメリカ」と「ラテン語」

　大航海時代にコロンブスやマゼランなどのヨーロッパの探検家が上陸した南米は、ラテンアメリカとも呼ばれています。

　たとえば現在、メキシコ、ペルー、ボリビア、コロンビアなどではスペイン語が、ブラジルではポルトガル語が、フランス領ギアナではフランス語が主に話されています。「ラテンアメリカ（Latin America）」は、それらの言語が主に話される南北アメリカ大陸の地域を指します。日常的に「ラテンのリズム」や「ラテン的な陽気さ」、「ラテンミュージック」などのフレーズで聞く「ラテン」は、ラテンアメリカのことを指します。

　南米でスペイン語やポルトガル語が話されている現状は、

大航海時代に海外領土を拡大しようとしたスペインとポルトガルの政策が反映されたものです。

　スペイン語やポルトガル語が主に話されるアメリカ大陸の地域は「イベロアメリカ」と呼ばれることもあります。「イベロ」は、スペインやポルトガルがあるイベリア半島を指します。したがって「イベロアメリカ」には先ほど言及した、フランス語が話されるフランス領ギアナは含まれません。

　まさか自分たちの言語の子孫が地中海周辺やヨーロッパも越えた遠く離れた地域でこんなに広く話され、その地域に「ラテン」という名が付くなど古代ローマ人は想像もしていなかったことでしょう。

　「ラテンアメリカ」という言い方はそこに住んでいる人のルーツがローマ人であるかのような印象を与えかねない表現で、またその地域ではスペイン語やポルトガル語しか話されていないイメージも与えかねません。

　実際はヨーロッパ人が現在の南北アメリカ大陸を植民地にする前から先住民は独自の言語を喋っており、現在でもたとえばケチュア語族に属する言語たちや、グアラニー語、アイマラ語などなど多くの先住民の言語が話されています。

　ところで、すでに気になっていた方もいるかもしれませんが、ここで「ラテン語」の「ラテン」自体の語源についても解説します。

　由来は古代の地名「ラティウム（Latium）」で、現在のイタリア中西部にあたります。まさに古代ローマはこのラティウム地方の数ある共同体の一つとして始まったのです。

　ローマが建国された頃はローマ以外のラティウム地方の共同体は彼らの固有の言語を話しており、当然それらもラティ

ウム地方の言語ではあります。しかし、ローマの勢力拡大に伴い、ローマの言語が先ほど述べたように「ラティウム地方の言語」、つまり「ラテン語」と呼ばれるようになりました。

ネルチンスク条約に使われたラテン語

　ここまで見てきたように、ラテン語はヨーロッパで生まれ育まれた言語ですが、使われてきたのは欧米だけではありません。遠く遠く離れたここアジアでも、重要な役割を果たしました。

　ラテン語と日本のあれこれについては別の章で解説するので、ここでは清とロシアの間で交わされた条約を見ていきます。1689年のネルチンスク条約です。

　ネルチンスクは現在のロシア連邦の東シベリア南部に位置する都市です。ロシアは当時、シベリアの征服を推し進めていました。アムール川流域にも進出してゆき、清の勢力とぶつかり、ロシアと清の間に国境をめぐる争いが起こることになりました。「清露国境紛争」と呼ばれます。

　この紛争はしばらく続きましたが、両国がともに平和的解決を望むようになり、そこで結ばれた平和条約がネルチンスク条約です。

　この条約を作成するにあたって清とロシアの間でなされた交渉は、ラテン語で行われました。また、条約はラテン語とロシア語と満州語で作成されました。これらのことからも、17世紀末のアジアでもラテン語が外交の場で使われていたことがよく分かります。

　実際の条文をいくつか見てみましょう。まずは、条約の第2条の最初の部分を見ていきます。

<ruby>Arx<rt>アルクス</rt></ruby> <ruby>seu<rt>セウ</rt></ruby> <ruby>fortalitia<rt>フォルタリティア</rt></ruby> <ruby>in<rt>イン</rt></ruby> <ruby>loco<rt>ロコー</rt></ruby> <ruby>nomine<rt>ノーミネ</rt></ruby> Yagsa <ruby>a<rt>アー</rt></ruby> <ruby>Russis<rt>ルッスィース</rt></ruby>
<ruby>extructa<rt>エクストルークタ</rt></ruby> <ruby>funditus<rt>フンディトゥス</rt></ruby> <ruby>eruetur<rt>エールエートゥル</rt></ruby> <ruby>ac<rt>アク</rt></ruby> <ruby>destruetur.<rt>デーストルエートゥル</rt></ruby> <ruby>Omnesque<rt>オムネースクェ</rt></ruby>
<ruby>illam<rt>イッラム</rt></ruby> <ruby>incolentes<rt>インコレンテース</rt></ruby> <ruby>Rutheni<rt>ルテーニー</rt></ruby> <ruby>Imperii<rt>インペリーイー</rt></ruby> <ruby>subditi<rt>スブディティー</rt></ruby> <ruby>cum<rt>クム</rt></ruby> <ruby>omnibus<rt>オムニブス</rt></ruby>
<ruby>suis<rt>スイース</rt></ruby> <ruby>cuiuscumque<rt>クィウスクムクェ</rt></ruby> <ruby>generis<rt>ゲネリス</rt></ruby> <ruby>rebus<rt>レーブス</rt></ruby> <ruby>in<rt>イン</rt></ruby> <ruby>Russi<rt>ルッスィー</rt></ruby> <ruby>Imperii<rt>インペリーイー</rt></ruby>
<ruby>terras<rt>テッラース</rt></ruby> <ruby>deducentur.<rt>デードゥーケントゥル</rt></ruby>

「Yagsa というところにロシアが造った城塞は根こそぎ
破壊する。そこに住むロシア帝国の臣民は、その所有
物とともにロシア帝国の領土に移される」

　ちなみに、ここに登場するRutheni Imperii「ロシア帝国
の」のRutheni は「ルテニアの」を意味する形容詞で、ルテ
ニアはロシアのラテン語名です。元素の「ルテニウム
（ruthenium）」の語源もこのルテニアで、この元素がウラル
山脈で発見されたことにちなんでいます。
　第3条を見ていきましょう。

<ruby>Quaecumque<rt>クァエクムクェ</rt></ruby> <ruby>prius<rt>プリウス</rt></ruby> <ruby>acta<rt>アークタ</rt></ruby> <ruby>sunt,<rt>スント</rt></ruby> <ruby>cuiuscumque<rt>クィウスクムクェ</rt></ruby> <ruby>generis<rt>ゲネリス</rt></ruby>
<ruby>sint,<rt>スィント</rt></ruby> <ruby>aeterna<rt>アエテルナー</rt></ruby> <ruby>oblivione<rt>オブリーウィオーネ</rt></ruby> <ruby>sopiantur.<rt>ソーピアントゥル</rt></ruby> <ruby>Ab<rt>アブ</rt></ruby> <ruby>eo<rt>エオー</rt></ruby> <ruby>die<rt>ディエー</rt></ruby> <ruby>quo<rt>クォー</rt></ruby> <ruby>inter<rt>インテル</rt></ruby>
<ruby>utrumque<rt>ウトルムクェ</rt></ruby> <ruby>Imperium<rt>インペリウム</rt></ruby> <ruby>haec<rt>ハエク</rt></ruby> <ruby>aeterna<rt>アエテルナ</rt></ruby> <ruby>pax<rt>パークス</rt></ruby> <ruby>iurata<rt>ユーラータ</rt></ruby> <ruby>fuerit,<rt>フエリト</rt></ruby>
<ruby>nulli<rt>ヌーッリー</rt></ruby> <ruby>in<rt>イン</rt></ruby> <ruby>posterum<rt>ポステルム</rt></ruby> <ruby>ex<rt>エクス</rt></ruby> <ruby>altero<rt>アルテロー</rt></ruby> <ruby>Imperio<rt>インペリオー</rt></ruby> <ruby>transfugae<rt>トラーンスフガエ</rt></ruby> <ruby>in<rt>イン</rt></ruby>
<ruby>alterum<rt>アルテルム</rt></ruby> <ruby>Imperium<rt>インペリウム</rt></ruby> <ruby>admittentur:<rt>アドミッテントゥル</rt></ruby> <ruby>sed<rt>セド</rt></ruby> <ruby>in<rt>イン</rt></ruby> <ruby>vincla<rt>ウィンクラ</rt></ruby> <ruby>coniecti<rt>コニエクティー</rt></ruby>
<ruby>statim<rt>スタティム</rt></ruby> <ruby>reducentur.<rt>レドゥーケントゥル</rt></ruby>

「<ruby>従前<rt>じゅうぜん</rt></ruby>の一切の行為は、どのような性質のものでも永
久に忘れられるべし。両帝国の間にこの永久の平和が
誓われた日以降においては、一方の帝国から他方の帝
国へ逃亡したものは受け入れず、直ちに捕えて送りか
えす」

　ここで注目したいのは、ex altero Imperio「一方の帝国から」や in alterum Imperium「他方の帝国へ」というフレーズです。altero や alterum は alter「二つのうち一方の」という形容詞が格変化したもので、alter はこの場合のように二度書かれると、最初の alter は「どちらか一方の」、二度目の alter は「もう片方の」という意味になります。alter は、英語の alternative「代案、代わりの手段」の語源になっています。その語源「二つのうち一方の」が分かれば、alternative という英単語も覚えやすくなります。

アメリカ独立記念日が刻まれたその板は !?

　ロシアと中国から太平洋を隔てたアメリカ合衆国にも、古代ローマの影響が所々に見られます。ニューヨーク湾にあるリバティ島にそびえたつ、高さ約93メートル（台座含む）の巨大な女神像は今では誰もが知っている観光名所です。

　この像はアメリカ合衆国の独立100周年を記念して、フランスから贈られたものです。建造費用もフランスでの寄付で賄(まかな)われており、この像の設計にはエッフェル塔に名前を残している技師ギュスターヴ・エッフェルも関わっていました。

　この像の下には足かせと鎖があり、自由の女神の「自由」は隷属からの解放であると考えられます。英語では自由は freedom と liberty という単語があり、この自由の女神（Statue of Liberty）に使われる単語 liberty も、この像にぴったりなワードチョイスです。

　というのも英英辞典（ここでは *Concise Oxford Dictionary*）で調べると、freedom は「自由に行動し、発言し、考える力や権利」「自由である状態」と書かれているのに対し、liberty

は「抑圧や投獄されていない状態」と定義されているからです。

そんな自由の女神ですが、なぜ「女神」なのでしょう？

その答えは、ラテン語の名詞の性にあります。まず、この自由の女神の元は、古代ローマのリーベルタース（Libertas）という、自由を擬人化した女神です。

「リーベルタース（libertas）」というラテン語は元々「自由」を指す名詞で、後に自由を擬人化した女神も同じ名前で崇拝されるようになりました。libertas「自由」という名詞が女性名詞だから、それを擬人化した神も女性になったのです。

ここで覚えていただきたいのが、「自由」という概念が女性的だからlibertasという単語が女性名詞になったわけではないということです。参考までに、自由と反対の概念「抑圧」も、ラテン語では女性名詞（oppressio）です。

libertasが女性名詞なのは、形容詞から名詞を作る際の接尾辞-tasが女性名詞を作る接尾辞だからにすぎません。

古代ローマでは、概念の擬人化が元になった神々が崇拝されていました。

たとえばフィデース「信義（Fides）」、フォルトゥーナ「運命（Fortuna）」、ピエタース「仁義（Pietas）」、サルース「安全（Salus）」、ウィクトーリア「勝利（Victoria）」、パークス「平和（Pax）」、コンコルディア「和合（Concordia）」、ウィルトゥース「美徳（Virtus）」などがあります。

全て元の名詞が女性名詞なので、神格化された神も女性になっています。面白いのが最後のウィルトゥース（Virtus）で、virtusという名詞の成り立ちは「男（vir）らしさ」なの

ですが、virtusが女性名詞なので美徳の女神ウィルトゥースも女性になっています。

　エラスムスの有名な『痴愚神礼讃』も、内容としては痴愚が擬人化された女神ストゥルティティア（Stultitia）が自分で自分を褒める演説を行うというものです。

　概念の神格化は全て女性だったわけではありません。たとえばボヌス・エーウェントゥス「良い結果（Bonus Eventus)」神は、eventus「結果」という名詞が男性名詞なので、男性の姿をしています。

　話は自由の女神に戻りますが、この女神が持っている板にはJULY IV MDCCLXXVIと書かれています。Julyは英語で「7月」、IVはローマ数字で「4」、MDCCLXXVIは「1776」を表し、アメリカ合衆国の独立記念日の1776年7月4日を表しています。

　ここにアラビア数字ではなくローマ数字を使うところにも古代ローマへのリスペクトが感じられます。

自由の女神が左手に持つ板
写真:Alamy/アフロ

　また、女神が持っている板の形も長方形ではなく、出っ張りがあるのです。この形の板はラテン語でtabula ansata（ターブラ・アーンサータ）と言われるもので、古代ロ

古代ローマのターブラ・アーンサータ

49

ーマでもよく使われていました。

　世界中で知られているアメリカ合衆国のシンボルの一つと言える自由の女神にこんなにも多くの古代ローマ由来のものがあるなんて、古代ローマが与えた影響の大きさがうかがえます。

「驚くべき年」と「恐るべき年」

　歴史を見てみると、重大な出来事が短期間に集中して起こることがあり、その場合はその期間に名前が付けられることがあります。タイトルに挙げた「驚くべき年」はラテン語でannus mirabilisと言い、これまでも数々の年がannus mirabilisと形容されてきました。

　とりわけ有名なのが1665年から1666年で、この期間についてジョン・ドライデンという17世紀のイングランドを代表する詩人がAnnus Mirabilis『驚異の年』という詩を書いています。

　その中ではオランダと戦った第二次英蘭戦争においてイングランドが勝利を収めたローストフトの海戦、オランダ側が勝利した四日海戦、加えてパン屋のかまどから出火しロンドンの大部分を焼いた「ロンドン大火」という火事などが語られています。

　ちなみにannus mirabilisのannusは「年」という意味で英語のannual「年間の」、annuity「年金」、anniversary「例年の記念日」の語源になっています。

　さらに西暦○○年を示す際に使われる"AD"はanno Domini「主（イエス・キリスト）の年において」というラテン語の略です。西暦がキリストの誕生した年を元年に設定

しているため、このような言い方になるのです。

またラテン語のmirabilis「驚くべき」は、mirus「驚くべき」から派生した語です。このmirusが語源になっている英語はmiracle「奇跡」、mirror「鏡」、admire「称賛する」、mirage「蜃気楼」などがあります。人名のMiranda（ミランダ）も、ラテン語で「驚くべき人、崇敬されるべき人」という意味合いで、このmirusが元になっています。

annus mirabilisについて語ったので、annus horribilis「恐るべき年」についても触れておきましょう。特にannus horribilisとして言われているのは、イギリスにおける1992年です。

当時、女王エリザベス2世の文通相手だったエドワード・フォードが1992年をこのように表現し、それを女王がスピーチの場において引用し、イギリス国民に広く知られることになりました。

実際、この年は女王の次男であるヨーク公爵アンドルー王子が妻と別居することになり、長女であるプリンセス・ロイヤル・アンは離婚。さらにはウィンザー城が火事に見舞われ、（これは女王のスピーチ後ですが）チャールズ皇太子がダイアナ妃と別居するなど、王室にとって暗い出来事が数々と起こりました。

このラテン語のフレーズに使われているhorribilis「恐るべき」はhorreo「恐れる」の派生語で、このhorreoは英語のhorror「恐怖」、horrid「恐ろしい」、horrific「身震いさせる」、horrendous「ひどく恐ろしい」、abhorrent「憎むべき」などの語源になっています。

なんとも1992年は恐ろしい年という印象を与えてしまい

ましたが、これを書いている私も1992年生まれです。生まれた年がこのように言われるのは複雑な思いもありますが、ガリレオ・ガリレイの名誉回復など、歴史に残る良いニュースも数々あった年だと思うことにしましょう。

II

第 2 章

ラテン語と政治

ラテン語は数々の政治の用語の語源になっており、さらに
は古代ローマ人の特定の政治家も模範とされています。一方
で自分への権力集中の正当化に、古代ローマのものやラテン
語が利用されたこともあります。近現代の政治に見られる古
代ローマやラテン語の要素について、この章で詳しく解説し
ます。

アメリカ政治に見られる古代ローマの名残

　アメリカ合衆国の政治は、外国とはいえども日本でもしば
しば報道されており、大統領選の行方、ならびに中間選挙な
ども日本のニュース番組でよく見られます。そんなアメリカ
政治には、ちらほらと古代ローマが元になっている言葉が登
場します。

　まず分かりやすいのは、上院を指すSenateという英語です
（ちなみに下院はHouse of Representativesと言います）。フラ
ンスでも上院はSénatと言い、英語のSenateと同じ語源を持
っています。

　このSenateの語源はなにかというと、ラテン語のsenatus
「（ローマの）元老院」です。senatusはsenex「老人」から派
生しているので、「元老院」という訳は語源に忠実になって
います。ただし、元老院議員は老人だけに限られていたわけ
ではありません。

　では、元老院はどんな機関だったのでしょう？　元々、ロ
ーマが王によって統治されていた時代に、王の諮問機関とし
てはじまりました。また、任期は終身で定員は300人ほどで
した。ローマが王政から共和政に変わると、その役目は高級
官吏への助言になりました。つまり、当時の元老院は高級官

吏に対して影響を与えるほど大きな権力を持っていたのです。

　さらに、ローマには「民会」という別の政治機関もありましたが、民会の議決は元老院の批准（ひじゅん）なくしては法としての効力を発することができないくらい、元老院の力が強かったのです。

　他にも元老院には外国との条約を作成したり、外国からの使節を迎え入れたり逆に自国の使節を送ったりと多くの役割があり、その決議は国法ほどの重みを持っていました。

　そんな元老院も、帝政時代には影響力が弱まってしまいました。アメリカ合衆国が模範とした元老院は特に共和政ローマ時代の元老院で、それにあやかって議院の一つをSenateと名付けたのです。

　元老院という言葉にちなんでお話ししたいのが、SPQRという4文字です。現在のローマの紋章にもSPQRと書かれており、さらにはローマにあるマンホールの蓋にもこの4文字が見られます。

　これはラテン語のSenatus Populusque Romanus「ローマの元老院と人民」の略で、このフレーズは古代、国家としてのローマを指す際に使われていました。現代のローマがSPQRの4文字を紋章に入れている点には、古代ローマの伝統を受け継ぐものとしての姿勢が感じられます。

　ちなみに、Senatus

SPQRと書かれたローマのマンホールの蓋
Credit: Martin Cooper / CC BY 2.0
https://www.flickr.com/photos/m-a-r-t-i-n/33048773883

Populusque Romanus「ローマの元老院と人民」を見ると、「元老院と人民」はラテン語でSenatus Populusqueと書くことが分かります。つまり、「AとB」というのであれば、「と」にあたるqueはBの後ろにくっつけるのです（"A Bque"というぐあいに）。

　日本語や英語に慣れている方は、「と」が後ろに来ることにかなりの違和感を覚えると思われますが、ラテン語ではこのように表すこともあるのです。

　ちなみにラテン語にも、「と」を間に挟む言い方があります。この場合、「AとB」は"A et B"という言い方になります。このetの文字が一つに合わさった略字が元になっているのが、&「アンド」の記号です。

トーマス・ジェファーソンが憧れた丘

　ここまでは元老院について語ってきましたが、アメリカ政治には他にも古代ローマ由来の要素があります。それは、英語で「アメリカ合衆国の連邦議会」を指すCapitolです。国会議事堂がある丘はCapitol hillと言い、単にthe Hillと呼ばれることもあります。

　実はCapitolは、古代ローマにあった、最高神ユーピテル・オプティムス・マクシムスに捧げられた神殿カピトーリウムが元になっています。また、カピトーリウムがある丘を「カピトーリーヌス丘」と言います。

　神殿の中にはユーピテルの他にも、女神ユーノーや女神ミネルウァも祀られていました。

　古代ローマにおいては、政務官たちが就任の際にこのカピトーリウム神殿で動物の生贄を捧げて宣誓を行っており、こ

のようにカピトーリウムは政治の世界とも関わっていました。

　ちなみに、アメリカ合衆国の連邦議会議事堂がある丘を Capitol Hill と名付けたのは、第3代大統領を務めたトーマス・ジェファーソンです。彼の古代ローマへの憧れが感じられるネーミングです。

　また、カピトーリーヌス丘には他にもユーノー・モネータに捧げられた神殿があります。モネータとは女神ユーノーの称号で moneo「警告する」から派生した名前なので、ユーノー・モネータは「警告者ユーノー」と訳されることもあります。

　このユーノー・モネータ神殿に貨幣の鋳造所があったため、モネータ（Moneta）は英語の money「お金」の語源になっています。

「シンシナティ」に学ぶ政治家の理想

　まだまだアメリカ合衆国にはラテン語につながる面白い話があります。

　たとえば、シンシナティ・レッズという野球チームの本拠地、あるいは映画『シンシナティ・キッド』などでも知られているオハイオ州のシンシナティ市の名前は、古代ローマの政治家ルーキウス・クィーンクティウス・キンキンナートゥスが元になっています。

　もっと言えば、シンシナティ市の名前の直接の元は「シンシナティ協会」という結社で、その結社の名前がキンキンナートゥスから取られているというわけです。ちなみにこの協会の初代会長はジョージ・ワシントンです。

　このキンキンナートゥスは、紀元前5世紀頃の伝説的な人物です。日本でも有名なカエサルやアウグストゥスは紀元前

1世紀の人なので、キンキンナートゥスは彼らよりも400年ほど前の人です。古代ローマといえども、かなり年代の開きがありますね（現在の日本の400年前となると、徳川家光の時代になります）。

　彼は紀元前460年に執政官となり、その職を終えた後に農園で暮らしました。その時にローマはアエクィー族の攻撃に遭い、国家の危機を迎えます。

　そこでローマはキンキンナートゥスを独裁官に選び、彼は大いに活躍してアエクィー族に勝利し、ローマも救われることになりました。危機が過ぎると、彼は独裁官の肩書を返上して再び農園に戻り、農耕に従事したと伝えられています。

　話はそれだけでは終わらず、その後も80歳の年に（スプリウス・マエリウスという平民が権力を集めて王位を得ようと動き、国家にとっての危機と見られたため）再び独裁官に任命され、勝利した後にまた職を辞して農園に退きます。

　このような彼の無欲さは、模範的な人間の生き方と考えられていました。彼にあやかって名付けられたシンシナティ協会の初代会長のジョージ・ワシントンも、大統領職を終えた後は農園で過ごしており、これはキンキンナートゥスを想起させる生き方です。

　また、イギリスのボリス・ジョンソン元首相も、辞任する際のスピーチで「私はキンキンナートゥスのように、畑に戻る（"Like Cincinnatus, I am returning to my plough"）」と述べていました。古典学（古代ギリシャ・ローマに関する学問）をオックスフォード大学で学んだジョンソン氏らしい言葉です。ちなみに古典学は英語でthe Classicsと言い、日本では「西洋古典学」と呼ばれます。

　しかしながら、ジョンソン氏は首相職を辞しても議員は続けたので（現在は議員辞職しましたが）、完全に官職から身を引いて農作業に従事したキンキンナートゥスと同様とは言い難いです。

　キンキンナートゥスの姿に理想を見るのは欧米だけではありません。日本の新聞においてもキンキンナートゥスの職を辞する潔さを称え、それと対比して疑惑があってもなかなか辞任しようとしない現代の政治家を批判するコラムがありました（朝日新聞「天声人語」2022年11月21日）。

金権を嫌ったローマの政治家たち

　他に振る舞い方のモデルと言われているのが、マーニウス・クリウス・デンタートゥスです。彼は紀元前4〜3世紀を生きた軍人で、イタリア半島中南部に住んでいたサムニウム人との間で起こった戦争をローマ側の勝利で終結させた人です。

　そんなデンタートゥスにサムニウム人側の使節が大量の金を贈りに来た際、彼はサムニウム人の考えを感じ取ったのかその金を受け取ることを拒否し、「マーニウス・クリウスは金持ちになるよりもむしろ金持ちの人間を支配したいのだとサムニウム人に伝えよ（narrate Samnitibus M'. Curium malle locupletibus imperare quam ipsum fieri locupletem）」と言い、さらには「私が戦で傷つくことも、カネで買収されることもできないことを忘れるな（mementote me nec acie vinci nec pecunia corrumpi posse）」と付け加えたという話が伝えられています。

　また、デンタートゥスと大体同じ時代に生きたガーイウ

ス・ファーブリキウス・ルスキウスという将軍も同様に、サムニウム人が貴金属や奴隷を贈ろうとしたところ拒否したと伝えられています。

現代の政治家も、賄賂を持ちかけられた際には二人のように毅然と断ってほしいものです。

大統領の暗殺者が叫んだラテン語

先に挙げたキンキンナートゥスやデンタートゥスのように現在でもアメリカ合衆国において模範とされる政治家の一人にリンカーンがいます。

その最期は悲惨なもので、彼は暗殺者の凶弾によって倒れることとなりました。事件が起こったのは1865年4月14日の劇場です。アメリカ合衆国の州が北と南に分かれて対立したアメリカ南北戦争（1861年～1865年）が終結し、南軍の司令官ロバート・E・リーが北軍に降伏した5日後のことでした。

この南北戦争はアメリカ史において特に重要な事柄で、たとえばantebellum、postbellumという英単語の成り立ちはラテン語の「戦前」、「戦後」なのですが、アメリカ英語でこれらの単語は「南北戦争前の」や「南北戦争後の」という意味になります。

日本語で「戦前」「戦後」が「太平洋戦争前」「太平洋戦争後」を指すことを考えると、その土地の単語を通して、そこに住んでいる人々がどの戦争を重大だと考えているかが見えてきます。

また、アメリカ南北戦争は英語でthe Civil Warと言い、north「北」やsouth「南」といった単語は使われていません。

リンカーン暗殺を描いた当時のリトグラフ

civil war とは「内戦」のことで、そこに the がつけば「『内戦』と言ったらあれのことだと一つに決まるくらい有名なあの内戦」というニュアンスが加わります（聖書を英語で the Book と呼ぶことがあるのも同じ理由です）。

また、内戦を意味する civil war の civil という単語も「内部の」というよりかは「市民間の」という意味です。ラテン語では内戦を bellum civile といい、civil war という英語もこれにならったものだと考えられます。

話が少しそれてしまいましたが、北軍の勝利が確定したその当時も国内にはまだまだ南軍に共感する人が多くいました。リンカーンの暗殺を計画していたジョン・ウィルクス・ブースという俳優もそのうちの一人でした。

リンカーンがワシントン D.C. にあるフォード劇場で『わ

れらがアメリカのいとこ』という劇を鑑賞していた際にブースは背後から大統領を銃撃し、その傷が元でリンカーンは息を引き取ります。

さて、ここで出てくるのがラテン語です。銃撃直前にブースが、ラテン語で「暴君には常にかくのごとく（Sic semper tyrannis）」と叫んだと伝えられています。

あるいは、ブースによる日記では「常にかくのごとく（Sic semper）」とのみ叫んだと書かれています。はたまた、日記では単に Sic semper tyrannis を Sic semper と略して書いただけなのかもしれません。

ともかく、この Sic semper tyrannis というフレーズについて解説します。

実はこれはヴァージニア州のモットーです。州章にはこの言葉とともに、槍を持つ女性の戦士が、王冠が外れて鎖をつけられた男性を踏みつけている姿が描かれています。つまりこのフレーズを通して、「専制的な政治をする人は、必ず悲惨な最期を遂げる」ということが暗示されているのです。

「暴君は常にかくのごとく」という言葉だけでは暴君にどのような結果が待ち受けるかははっきりしませんが、この絵によって文の意図するものがはっきりするのです。

これは古代ローマ時代に書かれた文献に登場するフレーズではなく、アメリカ人によって作られたラテン語になりますその着想元については、プルータルコスの『モラリア』（多岐にわたる内容の講義や随筆を収録したもの）に書いてある話だと考える研究者がいます。

この作品に、大胆な改革を強行して多くの敵を作っていた政治家ティベリウス・センプローニウス・グラックスが暗殺

されたという知らせを受けたスキーピオー・アエミリアーヌスという政治家が、ホメーロスによる叙事詩『オデュッセイアー』から「そのようなことをする者はみな、このように息絶えよ」と引用して叫んだと書かれているのです。

　大胆なことを成し遂げた人は、それがいいことであれ悪いことであれ他人の反感を買ってしまうのはよくあることです。リンカーンも一方で多くの人に愛されながら、南軍側を応援する人にとっては憎しみの対象であったと思われます。ラテン語を愛する者としては、人の暗殺の場面でラテン語が使われるのは残念な気もします。

ポエニー戦争の戦術に学べ

　リンカーンの暗殺と同時期の19世紀後半、イギリスにてとある社会主義者団体が創設されました。その名も「フェビアン協会」と言い、ポエニー戦争（ローマと、現在のチュニジアにあった都市カルタゴの間で起きた戦争）におけるクィーントゥス・ファビウス・マクシムスの名前が元です。

　このフェビアン協会は社会主義者団体ではありますが、マルクス主義には批判的で、少しずつ段階的に資本主義の欠陥を克服しつつ改革を行い、現存の国家を「福祉国家」に転換しようと考える団体です。

　著名なメンバーに『タイムマシン』などのSF小説を世に出した作家のH・G・ウェルズ、哲学者のバートランド・ラッセル、女性参政権活動家のエメリン・パンクハースト、イギリスの首相になったラムゼイ・マクドナルドやクレメント・アトリー、そして21世紀に首相を経験したトニー・ブレアやゴードン・ブラウンなどがいます。

ファビウス
（紀元前275頃～紀元前203）

　そんな協会の名前の元になった
ファビウスは第2次ポエニー戦争
（紀元前218～紀元前201年）を
戦った独裁官で、決戦をなるべく
避ける彼の戦術から、「躊躇する
人（Cunctator）」と呼ばれました

　たとえば、彼はハンニバルに率
いられたカルタゴ軍が略奪を行っ
ていても、それを止めさせるため
に戦いをはじめようとはしなかっ
たのです。ファビウスは戦いその
ものを嫌がっていたわけではなく
カルタゴ軍の強さを知っていたた
め直接対決をするとローマ軍が負
けるであろうと予想していました

　したがって、直接対決をせずま
ずは相手の軍を消耗させ、相手の
軍が弱った頃に対決に持ち込むという戦術をとっていました

　このようなファビウスの弱腰にも見える戦術に対してはロー
マ軍内でも反対意見がありました。たとえば副司令官のマ
ールクス・ミヌキウス・ルーフスはこのように言ったと伝え
られています（長い発言からの抜粋です）。

Tantum pro! degeneramus a patribus nostris ut
praeter quam oram illi Punicas vagari classes dedecus
esse imperii sui duxerint, eam nunc plenam hostium
Numidarumque ac Maurorum iam factam videamus?

「いやはや！　かつてわが父たちは、この海岸の沖を
カルタゴ人の艦隊がうろつくことは自分たちの支配権
に対する侵害だと考えた。ところがわれわれは今やこ
の海岸が敵で一杯となり、ヌミディア人やマウリ人の
好き勝手にされるのを目にしている。われわれはそれ
ほどまでに父たちの代より堕落してしまったのか？」
（リウィウス著、安井萠訳『ローマ建国以来の歴史5』
より）

　この発言を見ると、かなり強い口調でファビウスを批判し
ていることがうかがえます。ローマ人は昔の人々を模範とし
ていたので、「父たちの時代」と比較する形での非難は、通
常の批判よりも厳しいものになります。
　また、ミヌキウスは前述の発言をこのような言葉で締めく
くっています。

ストゥルティティア　エスト　セデンドー　アウト　ウォーティース　デーベッラーリー　クレーデレ　ポッセ
Stultitia est sedendo aut votis debellari credere posse.
アルマ　カピアース　オポルテト　エト　デースケンダース　イン　アエクウウム　エト　ウィル
Arma capias oportet et descendas in aequum et vir
クム　ウィロー　コングレディアーリス　アウデンドー　アトクェ　アゲンドー　レース
cum viro congrediaris. Audendo atque agendo res
ローマーナ　クレーウィト　ノーン　ヒース　セーグニブス　コーンスィリイース　クァエ　ティミディー
Romana crevit, non his segnibus consiliis quae timidi
カウタ　ウォカント
'cauta' vocant.

「じっとしていれば、あるいは神々に誓約をすれば戦
争に勝てる、などと考えるのは馬鹿げたことだ。君は
武器を取り、平地へ下り、一対一で勝負しなければな
らない。ローマが発展したのは、あえて実行し、やり
遂げることによってであり、このような無気力な（臆
病者はこれを『慎重な』と呼ぶが）方策によってでは

ない」（リウィウス著、安井萠訳『ローマ建国以来の歴史5』より）

　直接対決を徹底的に避けるファビウスの戦法を、最後まで嫌っていたことがうかがえます。ファビウスに対する批判が高まった結果、このミヌキウスにもファビウスと同等の指揮権が与えられました。

　そこでミヌキウスはファビウスの忠告を無視して進撃したはいいものの、ハンニバルの罠にはまってしまいます。危機に陥ったところをファビウスに助けられ、自分の非を認めて自分が指揮していた軍隊をファビウスに渡しました。

　ちなみにローマ軍が敗北を喫したカンネーの戦いは、彼が独裁官の任期を終えた後のことでした。カンネーの戦いの後に、再びファビウスは独裁官に任命されています。

　後の時代にも、たとえば英語で「持久策」をFabian policy あるいはFabian tacticsというように、その名前が語り継がれるようになりました。

候補者は「誠実」でなくてはならない

　実はこの文章を書いているのは、統一地方選挙の選挙戦が行われている真っただ中です。家の前の道路では日中、多くの選挙カーがけたたましい音声を流しています。

　それはさておき、英語で候補者を指すcandidateの語源は古代ローマ人が着ていた衣服に関係しています。まず、candidateの元であるラテン語candidatusは英語の意味とさほど変わらない「公職志願者」でした。そしてcandidatusの元の意味は「白い服を着た」という形容詞です。

　古代ローマ市民の男性の正装はトガという、一枚の大きな布を体に巻き付けて着用した衣服でしたが、選挙の候補者は白いトガ（ラテン語でtoga candida）を着ていたのです。

　トガというのは白い布で作られているので、すでに白いのですが、toga candidaはそれをさらに漂白して仕上げるのです。

　正装のトガに対し、普段着はもっと簡素なトゥニカ（tunica）という服を着ていました。こちらは「チュニック（tunic）」の語源になっています。また、女性はストラという服を着ることが一般的で、女性でトガを着るのは売春婦など、ごく一部の人に限られていました。

　話をトガに戻しましょう。

　ここで言う白いトガの「白」は並みの白ではなく、まぶしいほどの白です。Toga candida「白いトガ」に入っている形容詞candidus「白い、誠実な」はcandeo「輝く」という動詞から派生したもので、このcandeoはcandela「ロウソク」の元にもなっています。

　さらにcandelaは同じ意味の英語candleの語源で、光度の単位「カンデラ」としても現在その名を残しています。またcandelaは「シャンデリア（フランス語chandelier）」の語源でもあります。

　英語のcandor「正直」の語源となっているラテン語candor「白さ、誠実」も、candeoの派生語です。他にも英語candid「率直な」の語源も、先ほど話題に上ったcandidusです。

　白熱電球を指す英語incandescent lampのincandescent「白熱光を発する、光り輝く」も元をたどればcandeoに行きつきます。

　candidatusのニュアンスが分かってきましたか？

つまり古代ローマでは、選挙の候補者は、もちろん人目を引く狙いもありましたが、それよりも自らが誠実であることを有権者に示すために、まばゆいばかりの白い服を着ていたのです。

　日本語においても白さが率直さと関わっている使い方があるので（「潔白」など）、古代ローマ人の色の捉え方と共通するものを感じます。

　輝く白ではなく、単なる白をラテン語で言う時はalbusです。たとえば、「アルバム（album）」の語源はラテン語の「白色掲示板（album）」で、他にも卵白を意味する英語albumenや、皮膚などの色素が欠乏した人や動物を指す「アルビノ（albino）」も元はこのalbusです。

　このalbusには、candidusが持つ「誠実な」という意味はありません。

　みなさんも、次に選挙が行われる際は候補者をじっくり見て、その人が心までcandidus（誠実）な人かどうか見極めてみてください。

vote「投票する」の語源は「お願い」

　英語のvoteは名詞としては「投票」、動詞としては「投票する」という意味です。日本語でも、「キャスティングボート（casting vote、賛否同数の場合の議長の決定権）」などに入っています。

　このvoteの語源は、ラテン語のvotum「願い」です。このvotumは、voveo「願う、神に誓約する」という動詞から派生した単語です。

　では「願い」がなぜ「投票」に変わったのでしょう？

　その答えは中世ラテン語にあります。まず古代のラテン語では、votum には「祈願」「神への誓約」「（満願成就のお礼としての）奉納物」「結婚の誓い、結婚」などの意味がありました。

　ラテン語は古代ローマだけでなくそれ以降も使われています。中世のラテン語の特徴としては、古代のラテン語には見られない語法や単語の意味がかなり生まれたことが挙げられます。

　逆に近代以降のラテン語は古代人のようにラテン語を書こうという動きが強まり、独自の変化は弱まり古代のラテン語を模範とするようになるのです。

　したがって、仮に古代ローマ人が中世の人のラテン語と近代以降の人が書いたラテン語を読んだら、近代以降の人が書いたラテン語の方が相当読みやすいと感じるでしょう。

　話は vote に戻って中世ラテン語の辞書を引いてみると、votum の３番目の意味に「選択や採択を示すこと。投票」とあります。これが現在の英語の vote の意味に影響を与えていると考えられます。

　実は vote という英単語も古代のラテン語のように、最初の意味は「願い」でした。そしてスコットランド方言で「投票」という意味として使われるようになり、この用法が全国的に使われはじめ、今では「願い」という意味の方が廃れてしまいました。

　ちなみに、ラテン語で「スコットランド」は Caledonia（カレドーニア）と言います。南太平洋にニューカレドニアという島がありますが、この意味は「新スコットランド」です。ヨーロッパ人として初めてこの地に到達したイギリスの探検

家ジェームズ・クックがスコットランドの風景と似たものを感じたことから、こう名付けられました。

　ここで、フランス語をご存じの方は「vote が『投票』という意味で使われはじめた場所がスコットランドだとしたら、フランス語の vote「票」や voter「投票する」の起源は何だろう？」と疑問に思われるかもしれません。

　実はフランス語の voter「投票する」は英語の vote「投票する」を起源に持つ、かなり新しい語なのです。フランス語と英語で語源が共通する単語がある場合、たいていの場合はフランス語から英語に借用されたものなので、英語から借用されたフランス語の voter などは珍しい例です。

　スペイン語でも votar は「神に誓う」が元々の意味で、現在主流の「投票する」はかなり後に生まれた用法です。これも中世ラテン語 votum のスコットランドでの意味変化の影響が考えられます。

　語源を深掘りしてみると他の言語や地域の影響が複雑に絡み合っていることが分かる例でした。

大統領就任式と鳥占い

　日本の選挙の話題は実際に選挙がある時にしか盛り上がりませんが、アメリカ合衆国の大統領が誰になるかは多くの国の関心事となっており、また選挙戦を勝ち抜いた大統領の就任式は日本でもよく報道されています。たとえばバイデン大統領の就任式では、大統領本人よりも暖かそうなミトンを着用したバーニー・サンダース議員が話題を呼びました。さらには就任式で行われる就任演説も、英語学習者の学習教材としてよく取り上げられています。

　有名な就任演説としては、たとえばケネディ大統領の「あなたの国があなたのために何ができるかを問わないでほしい。 あなたがあなたの国のために何ができるかを問うてほしい（Ask not what your country can do for you. Ask what you can do for your country.)」などが挙げられます。

　そんな大統領就任式は、英語でpresidential inaugurationと言います。このinaugurationという単語に、古代ローマの風習が残っているのです。

　まず、inaugurationの元はラテン語inauguratio「開始」です。そして、このinauguratioの語源はinauguro「鳥占いをする」という動詞なのです。なぜ鳥占いが「開始」の意味や就任式と関係するのでしょうか？

　それは、鳥占官（鳥占いを行う神官）たちが祭司の就任式や神殿などの落慶式も執り行っていたから、また新たに政務官を任命しようとする際に、その人を神々が認めているかどうかを、鳥占いを通じて確認していたからだと考えられます。

　この鳥占官をラテン語でaugurといい、先ほど話題に上ったinauguroはaugurの派生語です。

　ちなみにイタリア語のTanti auguri!「おめでとう」あるいは「幸運を祈る」などにあるauguri「お祝い、祈願」の語源であるラテン語augurium「鳥占い、予感、前兆」も、augurの派生語です。

　鳥占官は他にも、議会が決定したことが神々の意向にかなっているかどうかを判断するなど、さまざまな職務を担当していました。

　具体的には、鳥が飛ぶ方角や鳴き声、餌を食べたり水を飲んだりする仕方を見て占っていました。その他にも彼らは雷

鳴、稲妻、ヤギやオオカミの動きから占うこともありました

　古代ローマにおける動物占いとしては、鳥占官の他にも生贄に捧げられた動物の内臓の状態を観察して吉凶を判断する占い師（ラテン語でharuspex、英語のharuspication「予言」の語源）などもいました。

　さて、話を鳥占いに戻しましょう。鳥占いはラテン語でauspiciumとも言い（auspex「鳥を見る人（avis「鳥」＋specio「観察する」）＝鳥占官」の派生語）、このauspiciumは英語のauspices「前兆」、auspicious「縁起の良い」の語源になっています。

　鳥占いの結果に必ず従わなければならないというわけではなかったのですが、数々の言い伝えを読む限りでは鳥占いのアドバイスに従って幸福になった、従わずに破滅したというケースが多かったようです。

ローマ建国にも登場する鳥占い

　ちなみにaugur「鳥占官」というラテン語はaugeo「増える」という語から派生したもので、augeoは英語のauction「オークション」や、音楽のコードなどに使われるaugmented「増音程の」、さらにはauthor「著者」やauthority「権威」の語源です。

　ローマ帝国初代皇帝のアウグストゥス（Augustus）や、彼の名前が残っている英単語August「8月」も、元はaugeoにたどることができます。

　augur「鳥占官」がaugeo「増やす」とどう関係しているかについては、augeoの元々の意味であると考えられている「促す」が関係していると説明されます。つまり、とある計

画をよしとする場合は、神々は前兆を示してそれを促進させるというわけです。

　この鳥占いは、ローマの建国の起源にも関わっています。伝説の上では、オオカミに育てられた双子の兄弟ロームルスとレムスが新しい都市を創建しようとした際、どちらの名前をその都市に付けるか、またどちらが統治するかを争い、決着をつける方法として鳥占いを行うことになりました。

　レムスに対してまずは鳥が 6 羽現れ、つづいてロームルスに対して12羽現れました。レムスは最初に鳥が自分に現れたことを、ロームルスは自分に現れた鳥の数の多さを強調し、結局解決には至りませんでした。

　『ローマ建国以来の歴史』を書いた古代ローマの歴史家リーウィウスによれば、結局ロームルスとレムスは力で争うことになり、レムスが敗北し、ロームルスが自分の名前を元に新しい都市を「ローマ」と名付け、統治者となりました。

　2024年、アメリカ合衆国では大統領選挙が行われ、2025年 1 月には大統領就任式（presidential inauguration）が予定されています。どんな人が大統領になろうとも、世界にとって「吉兆」になることを願います。

「ファシズム」と古代ローマ

　古代ローマが元になっている政治用語の中には、現代では否定的に捉えられるものもあります。その中で代表的なのが「ファシズム」で、ラテン語と政治を絡めた本章では、この話題は避けては通れません。

　古代ローマの政治がファシズムだったと言いたいのではありません。「ファシズム」という言葉の語源を見ていくと、

ファシスト党の党章

そこに古代ローマが現れてくるのです。

　ファシズムというのはそもそも、イタリアで生まれた「ファシスト党」のイデオロギーを指します。ファシスト党の党首はベニート・ムッソリーニで、この人は議会制民主主義を否定し、さらには労働者階級の革命運動などにも否定的で、反革命独裁を志向していました。

　この党の前身となったグループ「イタリア戦闘ファッシ（Fasci italiani di combattimento）」のfasci「ファッシ」はイタリア語で「束」を意味する語で、語源はラテン語のfasces「束」です。

　ファシスト党の党章に描かれているのが、「ファシスト党」の語源にもなっている「ファスケース（ラテン語でfasces）」です。ラテン語のfascesの一般的な意味は先ほども書いたように「束」なのですが、特別な意味としては「束桿」を指します。

　これは束ねた複数の木の棒（カバ材やニレ材）の中央に斧を差し込んで、それを革ひもで縛ってまとめたものです。これが古代ローマでは、執政官など高官の権威のシンボルでした。

　正確には、ローマ市内においてはファスケースの斧は外されていました。ローマ市外では斧が付けられ、ローマ兵や同盟市の兵、さらには属州の兵たちに対する高官の絶対的な軍事的権力を示していました。

　ちなみに、ここにある斧はラテン語でsecurisといい、語

源は seco「切る」です。ラテン語の seco は、英語の sect「分派、宗派」、sector「分野、部門」、section「部門」などの語源にもなっています（security「安全」は、語源が「不安（ラテン語で cura）がないこと」なので無関係です）。

このファスケースを、古代ローマでは高級政務官が行進する際、リークトルという先駆官吏が担いでいました。ファスケースを持ったリークトルが露払いをして、その後を高級政務官が行進するのです。

ファスケースは長さが1.5メートルあったので、その長さの木の束となるとかなり重いものだったと推測されます。

このファスケースは近現代において、イタリアのファシスト党だけが使ったわけではなく、たとえばフランスの紋章やエクアドルの国章、アメリカ合衆国下院の本会議場やホワイトハウスの大統領執務室、さらにはリンカーン記念館のリンカーン像が座る椅子などに描かれています。

現代では忌避されているファシズムの語源となったファスケースが、このようにファシズムとは切り離されて使われているケースもあるのです。

古代ローマから時代を経るにつれ、ファスケースは高級政務官の権力の象徴という意味合いから、結束の象徴としても使われはじめました。近現代にファスケースのデザインが使われるのは、この意味合いにおいてです。

政治利用されたラテン語

ファシズムについて、興味深いラテン語の文章があります。その文がある場所はイタリアの首都ローマにあるスポーツ複合施設フォロ・イタリコで、第二次世界大戦の時代まではフ

オロ・ムッソリーニという名前でした。

　このスポーツ場の一角にオベリスク（古代エジプト式の記念柱）の形をした36メートルの塔が建っており、ラテン語でMVSSOLINI DVX「指導者ムッソリーニ」と刻まれています。

　ちなみにこのオベリスクは、ミケランジェロも愛用したカラーラの石切り場から切り出された一枚岩でできています。

　台座の中に埋まっているのがムッソリーニやイタリアのファシズムを賛美する文章（Codex Fori Mussolini）で、ラテン語で書かれています。ファシスト党はイタリアと古代ローマのつながりをより強く示そうとしており、その一環でラテン語の教育にも力を入れていました。

　ファシズムやムッソリーニを賛美する文章を書いたアウレリオ・ジュゼッペ・アマトゥッチもその運動に協力したラテン語の先生でした。

　それでは実際に、その文章がどのようなものだったか読んでみましょう。最初はムッソリーニが政権を取る前の時代に関する背景説明からはじまります。説明の雰囲気が変わるのは、以下のあたりからです。

エアー　テンペスターテ　カエレスティー　クォーダム　ヌートゥー　アトクェ　ヌーミネ
Ea tempestate caelesti quodam nutu atque numine
ウィル　エクスティティト　クィー　スィングラーリー　アキエー　インゲニイー　アニモークェ
VIR exstitit, qui singulari acie ingenii animoque
フィルミッスィモー　プラエディトゥス　エト　アド　オムニア　フォルティア　ファキエンダ　アク
firmissimo praeditus et ad omnia fortia facienda ac
パティエンダ　パラートゥス　ノーン　ソールム　レース　インクリーナータース　エーウェルサースクェ
patienda paratus, non solum res inclinatas eversasque
イン　プリスティヌム　レスティトゥエレ　セド　エティアム　イタリアム　イッラム　クァム
in pristinum restituere sed etiam Italiam illam, quam
ウェテレース　ローマーニー　オルビス　テッラールム　ルーメン　エッフェーキッセント　イタリース
veteres Romani orbis terrarum lumen effecissent, Italis
レッデレ　ディーウィーナー　メンテ　コンケーピト　コーンスィリイースクェ　ファクタ
reddere divina mente concepit consiliisque facta

ムッソリーニのオベリスク

adaequare est aggressus. Qui Vir fuit BENITVS
MVSSOLINI.

「その時、神による何らかの指令あるいは思し召しに
よって、一人の男が現れた。彼は類稀なる頭の鋭さと
強固な精神を持ち合わせ、何事も勇敢に成しとげ、耐
える覚悟があった。神々しき知性をもって、衰えて荒
廃したこの国の状況を元に戻すだけではなく、古代ロー
マ人が『全世界の光』にしたあのイタリアをこの国
に復活させようと計画し、その実行に着手した。その
男こそがベニート・ムッソリーニである」

　ムッソリーニは神に愛された人間として描かれ、彼による
支配に正当性を与えています。
　また、この文章を信じればムッソリーニは、第一次世界大
戦やその後の混乱で国が傾きイタリアの人々の希望も失われ
かけようとしていたところで、栄光を極めたあの古代ローマ
を思い出させ、それを復活させようという野望を持っていた
ようです。
　余談ですが、ムッソリーニが政権を握っていた1938年、

カピトリーノの牝狼

イタリアから東京に「カ
ピトリーノの牝狼」と呼
ばれる像の複製が寄贈さ
れました。この像は、こ
の章において先に解説し
たロームルスとレムス、
そして彼らに乳を与える
オオカミで構成されてお

り、今も東京の日比谷公園で見ることができます。ちなみに、オリジナルの像はローマのカピトリーノ美術館にあります。

　続いて、文章の最終部分を見てみましょう。

スタト　イン　イプソー　アディトゥー　フォリー　　　　　　エト　パトリアエ　ファータ　ペル
Stat in ipso aditu Fori Mussolini et patriae fata per
ドゥケム　レノウァータ　ドゥキス　イン　パトリアム　エクスケルスム
DVCEM renovata, DVCIS in patriam excelsum
インウィクトゥムクェ　アニムム　キーウィウム　エルガー　ドゥケム　インモータム
invictumque animum, civium erga DVCEM immotam
フィデム　レース　ペル　ファスケース　プラエクラーレー　ゲスタース　イン　ペルペトゥウム
fidem, res per Fasces praeclare gestas in perpetuum
コーンセクラービト
consecrabit.

　「このオベリスクはフォロ・ムッソリーニの入り口に
　そびえたち、それは我らが指導者によって立て直され
　た祖国の運命を、祖国に対する指導者の崇高で不屈な
　る精神を、指導者に対する国民の揺るがない忠誠を、
　そしてファシズムの輝かしき業績を永遠に、不滅のも
　のにするであろう」

　この言葉が書かれた1932年には、まだイタリアのファシズムの未来は明るいと考えられていたようです。

　実際には、7年後に勃発した第二次世界大戦に参戦したものの思うような戦果を挙げられずに1943年に降伏。さらにムッソリーニは1945年に逮捕、その後銃殺され、彼の死とともにファシスト党は解散させられ、広場にあるオベリスクも負の遺産へと様変わりしました。

　私がここでCodex Fori Mussoliniを引用したのは、ラテン語が独裁者への権威付けや強権的な政治の賛美に利用されることもある、そしてそれはラテン語の2500年以上という長い歴史の中で90年前というかなり最近の年代にも起こった

という危険を書きたかったからです。

　Codex Fori Mussolini のラテン語のクオリティ自体は大変高いものであり、古代の作家が用いたフレーズの引用などもちりばめられていて、一読しただけで作者の学識の高さがうかがえます。しかし、この才能がファシズムの賛美に利用されたことは残念に思います。

政府とサイバーと舵取りと

　本章では政治関係の用語の由来となったラテン語を紹介してきましたが、まだまだたくさんあります。

　「政府」は英語でgovernmentと言い、これはgovern「統治」から派生した単語です。governから派生した単語としては他に、日本語でも「コーポレートガバナンス」などで知られているgovernance「統治」や、governess「女性家庭教師」などがあります。

　政治に関する語では、「知事」を指すgovernorもこれにあたります。ちなみにgovernorは「だんな！」という男性への呼びかけにも使われます。

　この「統治する」を指す英語governは同じ意味の古フランス語governerから入っていて、その元はラテン語gubernare「舵取りする、統治する」です。さらにgubernareは同じ意味の古典ギリシャ語、kubernáōにさかのぼれます。

　つまり、「舵取り」が英語の「政府（government）」の語源なのです。日本語でも、指揮することを「舵取り」と言います。「国家の舵取り」というフレーズもよく聞きます。

　他にもkubernáō由来の言葉で有名なのが、「サイバー」です。これは単独では使われずに他の語に付いて、「インター

ネット空間の」という意味を表します。

　サイバーの由来を詳しく見ていきましょう。

　この cyber- は cybernetic「サイバネティックス（cybernetics）の」という形容詞が縮まったものが元で、cybernetics は「人工頭脳研究」を意味する名詞です。そして cybernetics の語源が古典ギリシャ語の kubernḗtēs「舵手」で、これは kubernáō「舵取りする」から派生した単語です。

　ちなみに kubernḗtēs は Google が設計したシステム Kubernetes（クバネティス）の名前の元になっています。Kubernetes のロゴは、語源のイメージを反映して舵のイラストになっています。

　government「政府」と「サイバー」の語源が同じというのはかなり意外だと思われます。このことが世に広く知れ渡ったら、政府のデジタル化の遅れを批判する際に「Government（政府）とサイバーの語源は同じなのに」などという言葉が聞かれるのでしょうか。

第 3 章

ラテン語と宗教

中世の西ヨーロッパでは、聖書と言えばヒエロニムスによるラテン語訳（『ウルガータ』と呼ばれる）が読まれるのが一般的でした。『ウルガータ』はミサなどで唱えられる典礼文や宗教音楽の元になっており、絵画などの芸術作品にもその影響が随所に見られます。さらには聖職者たちもラテン語でコミュニケーションを取っていたほどラテン語はキリスト教において多大な影響力を持っていました。また、今では一見宗教に関係ないと思われる単語にも、語源を探ると宗教が関わっていることがあります。この章ではキリスト教の、特にラテン語が関わる数々の側面を解説しており、普段キリスト教に接していない方にも新たな発見の連続となることでしょう。

聖書の暗唱が左右した裁判

　16世紀のイングランドでは、一般市民が受ける裁判と、聖職者が受ける裁判とが違いました。大抵の場合、聖職者の方が、一般人よりも罪が軽かったのです。現代人の感性では理解しがたいことですが……。

　ある人を裁判にかける時、その人が聖職者かどうかはどのように判別していたのでしょう？

　それは、ラテン語聖書の暗唱でした。ある一節を暗唱できるかどうかが、判別に使われたのです。

　具体的には、次の一節です。

Miserere mei, Deus, secundum magnam misericordiam tuam; et secundum multitudinem miserationum tuarum, dele iniquitatem meam.

　「神よ、あなたの大いなる憐れみによって私を憐れんでください。そしてあなたの多くの憐れみによって私の罪を消してください」

　制度を悪用してこの一節だけ覚えて、罪を犯しても軽い罰を受けるだけで済ませる人も出てきました。この「裏技」が横行したせいで、この制度はとうとう廃止されるに至りました。

　この一節に出てくるラテン語をいくつか紹介します。

　最初の単語の misererere は misereor「憐れむ」の命令形で、英語の miserable「憐れな」と同じ語源を持っています。ミュージカルが大ヒットしたフランスの小説「レ・ミゼラブル（Les Misérables）」の意味は、「憐れむべき人たち」です。

　secundum は「〜にしたがって」という前置詞です。sequor「従う、後を追う」という動詞から派生しています。

　英語の second「2番目の」も、元をたどれば sequor にさかのぼれます。語源が「従う」だと分かれば、英語の second には「支持する」という意味があるのも納得できるのではないでしょうか。

　second には「秒」という意味もあります。1秒というのは1時間を60に分け、さらにそれを60に分けたものなので「1時間を2番目に分けたもの」という成り立ちなのです。

　second のような多義語も、語源をたどることでそこに共通したイメージが浮かび上がってきます。

　dele という単語についても解説しておきましょう。これは deleo「消す」の命令法、つまり「消して」という意味です。deleo は英語の delete「削除する」の語源です。

パッションフルーツは「情熱の果物」ではない

　先ほどはsecondという多義語を、語源とからめて解説しました。passionという英語も複数の意味があります。日本語話者が「パッション」という単語を聞けば、まず情熱を思い浮かべるのはごくごく自然なことです。では、パッションフルーツはどうでしょう？　この意味は「情熱の果物」ではありません。

　そもそもpassionという英語の元はラテン語のpassioという名詞で、passioはpatior「こうむる、受ける」という動詞の派生語です。

　他にもpatiorの派生語には、英語patience「忍耐」の語源となっているpatientia「忍耐」などがあります。英語のpatient「患者」も、この仲間です。さらに言えば「受動の」という意味の英語passiveや「同情心」を指すcompassionの"passion"の部分も語源はこのpatiorです。

　パッションフルーツの「パッション」は元の動詞「こうむる、受ける」の意味に近く、「（キリストの）受難」を指しています。ちなみに、キリストの受難を描く、メル・ギブソン監督の映画『パッション』の題名もこの意味です。

　さて、パッションフルーツの由来ですが、これはパッションフルーツの花の各部がキリストの磔刑を連想させることから来ています。

　キリスト教になじみの薄い人には感覚的に理解しづらい発想ですが、めしべの柱頭は釘、5本のおしべは傷、副花冠は茨の冠、花被はキリストの使徒たちということだそうです。そこから、まずはトケイソウがpassion flowerと呼ばれました。写真を見ると分かるように、トケイソウという和名の方

が見た目にもぴったりだと思うのですが。

ともあれ、パッションフルーツはpassion flowerと仲間の植物で、和名をクダモノトケイソウと言います。

トケイソウ

ラテン語で名付けられた学名は *Passiflora edulis* といい、意味は前半が「受難の花」、後半が「食べられる」です（動詞edo「食べる」の派生語）。和名でも学名でも、食べられるpassion flowerというわけです。

これで、パッションフルーツの「パッション」が情熱という意味ではなく、キリスト教と関係した名前だということが分かりました。

では、我々がよく知っている「情熱」という意味の「パッション」はpatior「こうむる、受ける」とどのように関係しているのでしょう？

これは、魂が何かしらの作用を受けた結果、激情や情熱が生まれると考えられたからです。たとえば英語のaffect「情緒、情動」も、動詞のaffect「影響する、作用する」から生まれた意味です。

ちなみにpassionの元になったラテン語passioは、古典ギリシャ語páthosの訳語としても使われました。また、このpáthos「受難、不幸な事件、外部から受けた作用」も、「こ

うむる、受ける」という意味の動詞 páskhō の派生語です。

クリスマスソングのラテン語

　日本においてキリスト教の信者は全人口の数パーセントしかおらず、日本人はキリスト教になじみがないように見えますが、信者でなくてもクリスマスというキリスト教の行事にはどっぷりと浸かっています。

　ではクリスマスソングから、ラテン語を見ていきましょう。

　「グロリア・イン・エクセルシス・デオ」というラテン語のフレーズをご存じでしょうか？

　クリスマスの時期になると、街中やCMなどでよくこのフレーズを耳にします。この歌詞が含まれる歌こそ、カトリックだと『あめのみつかいの』、プロテスタントだと『荒野の果てに』という題名のついた聖歌です。

　日本語訳で歌われる際も、「グロリア・イン・エクセルシス・デオ」の部分は、フランス語の原曲同様、ラテン語のまま歌われています。

　題名や歌詞からはパッと分からないかもしれません。題名をYouTubeなどで検索してみてください。「グローリア……」の部分まで聞けば、ああこの曲かと分かると思います。

　ちなみに、この歌では gloria の glo という音節に多くの音符があてられています。このような1音節に複数の音階を含む多くの音符をあてる旋律法を、専門用語で「メリスマ」と言います。語源は古典ギリシャ語の「歌（mélisma）」です。

　ラテン語「グロリア・イン・エクセルシス・デオ」を解説します。gloria は「栄光」、in excelsis は「高きところに」、Deo は「神にとって」です。excelsis は、古代ローマ時代の発音

では「エクスケルシース」で、「エクセルシス」と読むのは後の時代のラテン語の発音です。

このフレーズは『新約聖書』内の「ルカによる福音書」の2章14節が元になっています。

広く使われている日本語訳の聖書である新共同訳では「いと高きところには栄光、神にあれ、地には平和、御心に適う人にあれ」と書かれています。このフレーズは天使と天の大軍が、神を賛美して言ったものです。

ここに登場する天使は、イエス・キリストがベツレヘムで誕生した際に、ベツレヘムの近くで羊の群れの番をしていた羊飼いたちの前に現れたと福音書に書かれています。

そしてその天使は、ダビデの町で、救い主が生まれたことを羊飼いたちに告げ、話し終わったら突然、天の大軍が加わり、神を賛美して先ほどの言葉を発したのです。

これで、このフレーズがクリスマスの歌に入っているのも納得できるのではないでしょうか。つまり、イエスの誕生の際に言われた言葉なので、クリスマスにぴったりなのです。

グロリア・イン・エクセルシス・デオ

ところで、「グロリア・イン・エクセルシス・デオ」には、ラテン語のマニアックな問題が絡んでいます。

中世ヨーロッパで広く使われた、ヒエロニムスによるラテン語訳聖書（ウルガータ）を見ても、20世紀にカトリック教会によって出版された新ウルガータを見ても、該当部分のラテン語訳は「Gloria in altissimis Deo」となっています。excelsis が altissimis になっているのです。

excelsis を採用した訳は、ウルガータよりも古い、いわゆ

る古ラテン語訳聖書（Vetus Latina）に確認できます。

　強いてaltissimisとexcelsisを訳し分けるならば、altissimis
は「いと高きところに」、excelsisは「まったく高きところに」
です。altissimisは最上級の形です。

　altissimisやexcelsisに対応する箇所は、原文のコイネーギ
リシャ語ではhupsístoisと書かれており、これは最上級の形
の形容詞なので、最上級であることを反映させている
altissimisの方が、元のギリシャ語の文法に忠実な訳語のチ
ョイスであると言えそうです。

　ここまで考えて訳語をあてなければならない翻訳というの
は、本当に難しいものです。

チャペルとアカペラと雨合羽

　クリスマス以外で、日本になじんだキリスト教圏の習慣と
しては、チャペルでの結婚式もあります。

　「チャペル（chapel）」は英語で「礼拝堂」という意味です。
ちなみにchapelという英単語には「印刷工組合」という意
味もありますが、これはイングランドで初めて活版印刷を行
ったウィリアム・キャクストンがウエストミンスター寺院付
近の礼拝堂で仕事をはじめたからです。

　そしてこのchapelという語は、語源をたどっていくと面
白いのです。

　まず、chapelはラテン語のcappella「礼拝堂」が語源にな
っているのですが、このcappellaの元々の意味は「小さなマ
ント」です（cappa「外套（がいとう）」に、小さいことを示す指小辞が
ついたもの）。この意味の変化には、トゥールのマールティ
ーヌスという聖人が関わっています。

　彼は 4 世紀の人で、スルピキウス・セウェールスという同時代の作家が伝えるところによると、若いころから優しい人間で、困っている人を助けることを常としていました。また、彼は後に聖人になりましたが、最初はキリスト教徒ではありませんでした。

　ある日、軍人であった彼が武器を持ってフランス北部の都市アミアンにいた際に、彼の前に物乞いが現れます。その物乞いは何も身に着けておらず、道行く人に着るものをねだっていました。その時は冬のど真ん中、しかもその年は多くの人が亡くなるほどの厳しい冬でした。

　マールティーヌス自身も外套を一枚羽織っているだけで、気前よく他人に服をあげられるような身なりではありませんでした。

　他の通行人たちもその物乞いに服をあげる様子はなく、自分が与えなければならないと思ったマールティーヌスは携えていた剣を用いて外套を切り、半分をその物乞いにプレゼントしました。結果的にみすぼらしい身なりになったマールティーヌスは通行人の笑い者になってしまいました。

　しかしながらその夜、彼は夢の中で、半分だけの外套を身に着けたイエス・キリストを見るのです。そしてイエスは大勢の天使たちに向けて「マールティーヌスは、この服を私に着せてくれたのだ」と告げました。

　彼はキリスト教の洗礼を受けることにしました。彼の着ていた外套は大変に珍重され、それを保存していた建物も cappella と呼ばれるようになり、cappella の指す範囲が広くなって「礼拝堂」も指すようになりました。これが英語の chapel の語源になっています。

また、伴奏を伴わない曲を指す「アカペラ」もchapelと同じ語源を持ちます。まず「アカペラ」は、「教会風の（a cappella）」という意味のイタリア語です。

　なぜ教会の歌が「無伴奏」と結びつけられたかというと、ロマン派時代の人々が中世の教会音楽は無伴奏だったと想像したからです。実際は、15世紀や16世紀の宗教的合唱曲でも楽器を伴うこともありました。

　chapelや「アカペラ」と同じ語源を持つ日本語に「雨合羽」などの「合羽」があります。これはポルトガル語capa「外套」が語源で、capaはラテン語cappaにさかのぼれます。

カプチーノの語源となった修道会

　ポルトガル語のcapa「外套」から、なにかひらめいた方もいるのではないでしょうか。

　そうです。英語のcape「ケープ」も同じ語源です。

　さらに、ラテン語cappa「外套」は英語のcap「帽子、キャップ」の語源でもあるのです。それだけでは終わりません。「カプチーノ（cappuccino）」の語源でもあります。

　まず、cappaからイタリア語のcappuccio「頭巾」ができあがります。

　イタリアでは1525年、聖フランチェスコ会からとある修道会が分かれて創設されます。その修道会は、頭巾のついた茶色の修道服が特徴的なので、cappuccio「頭巾」から「カプチン修道会」と呼ばれました。

　後に、カプチン修道会の修道士（イタリア語でcappuccino）の茶色の頭巾に色が似ていることから、エスプレッソに泡状のミルクを加えた飲み物が「カプチーノ」と呼ばれるように

なりました。

「礼拝堂」から始まった語源の話が、やはりキリスト教を通じてカプチーノに行きつきました。本当に語源は、探ると面白いです。

"Requiem" は元々「鎮魂歌」ではなかった !?

クリスマスソングから歌つながりで、レクイエムについても触れておきましょう。

レクイエムは日本語で「鎮魂歌」と訳されます。カトリックに属する人が書いたり、カトリックの行事に使われたりする「教会ラテン語」では、requiem という単語は死者のためのミサの入祭唱（ミサの導入部で歌われるもの）を指します。まさに鎮魂歌という訳にぴったりです。

ただ、この requiem という単語の成り立ちは、鎮魂歌のイメージからはかけ離れているのです。

教会ラテン語ではなく、本来のラテン語としての requiem は、requies「休息、安息」が変化したもので、「休息を、安息を」という意味になります。

ちなみに requies の quies の部分は、英語の quiet「静かな」や coy「内気な」の語源と共通しています。

requiem「休息を、安息を」がなぜ「鎮魂歌」を指す言葉になったのでしょうか？

入祭唱の冒頭の歌詞を見ると、その答えが分かります。

Requiem aeternam dona eis, Domine, et lux perpetua luceat eis.

「主よ、永遠の安息を彼らに与え給え。そして、絶え

ることのない光が彼ら（死者）を照らしますように」

　つまり、理由はごく単純で、requiemという単語が死者のためのミサの入祭唱で最初に出てくる言葉だからです。

主の祈りと「クレド」

　レクイエムと同じような成り立ちの用語は他にもあり、キリスト教の「主の祈り」を指す英語Paternosterもこれにあてはまります。これは、ラテン語での主の祈りがPater nosterというフレーズで始まっていることに由来します。

　「主の祈り」の最初の部分を見てみましょう。ちなみに「主の祈り」はキリスト教の祈りの中でも代表的なもので、キリスト教徒の信仰を象徴するものとされています。

パテル　　ノステル　　クィー　エス　イン　カエリース　サーンクティフィケートゥル　ノーメン
Pater noster, qui es in caelis, sanctificetur nomen
トゥウム　アドウェニアト　レーグヌム　トゥウム
tuum. Adveniat regnum tuum.

「天におられるわたしたちの父よ、あなたの名前が崇められますように。あなたの国が来ますように」

　見た通り、レクイエムの成り立ちと同じです。

　Paternosterという英単語は、さらに「主の祈りを唱える時に使う数珠」を指すようにもなりました。また、そこからヨーロッパの一部の国にある循環型のエレベーターもPaternosterと呼ばれるようになりました。

　このタイプのエレベーターは扉もなく各階で停止もせず、最上階から最下階までゆっくり循環するものです。人が入るボックスを数珠の玉、ボックスをつなげるチェーンを数珠玉

をつなげる紐に見立ててこのように呼ばれているのです。

　他にも、英語credoもレクイエムと似た由来を持ちます。今では日本でも企業の行動指針が「クレド」と呼ばれるほど一般化してきました。credoは「信条」の意味なのですが、これもラテン語で書かれた信条がこの言葉ではじまっているからです。

　ちなみに、credo由来の英単語にcreed「主義、信条」というものがあります。Assassin's Creedというゲームがありますが、意味は「暗殺者の信念」です。

　ここでは、キリスト教で広く通用する、有名な使徒信条とニカイア・コンスタンティノポリス信条の、それぞれ最初の部分を見ていきましょう。

　まずは使徒信条から。

Credo in Deum Patrem omnipotentem, Creatorem
caeli et terrae.
　「私は、全能の父であり天と地の創造者である神を信じます」

　この文にある通り、元々credoはラテン語で「私は信じる」という意味です。ちなみに、この文にあるcreatoremは、英語のcreator「クリエイター」に通じる言葉です。

　またcaeli「天の」は、caelum「天」が変化したかたちで、caelumはフランス語のciel「天、空」の元です。

　cielを使った言葉で日本人になじみ深いのは、ロックバンドのラルク　アン　シエル（L'Arc〜en〜Ciel）ではないでしょうか。フランス語のl'arc-en-cielは文字通りには「天にかか

るアーチ」で、つまり虹のことを言っています。

　少々話がそれてしまいました。今度はニカイア・コンスタンティノポリス信条の冒頭を読んでいきましょう。

<ruby>Credo<rt>クレードー</rt></ruby> <ruby>in<rt>イン</rt></ruby> <ruby>unum<rt>ウーヌム</rt></ruby> <ruby>Deum<rt>デウム</rt></ruby>, <ruby>Patrem<rt>パトレム</rt></ruby> <ruby>omnipotentem<rt>オムニポテンテム</rt></ruby>, <ruby>factorem<rt>ファクトーレム</rt></ruby>
Credo in unum Deum, Patrem omnipotentem, factorem
<ruby>caeli<rt>カエリー</rt></ruby> <ruby>et<rt>エト</rt></ruby> <ruby>terrae<rt>テッラエ</rt></ruby>, <ruby>visibilium<rt>ウィースィビリウム</rt></ruby> <ruby>omnium<rt>オムニウム</rt></ruby> <ruby>et<rt>エト</rt></ruby> <ruby>invisibilium<rt>インウィースィビリウム</rt></ruby>.
caeli et terrae, visibilium omnium et invisibilium.
「私は、全能の父であり、天と地とあらゆる見えるもの
　と見えないものの創造者である唯一の神を信じます」

　ここでも、credo「私は信じる」という単語が一番に来ています。

バレンタインデーの言い伝えは本当か？

　日本になじんだキリスト教圏の習慣としては、バレンタインデーも挙げられます。本来は恋人や家族に贈り物をする習わしですが、日本では特に女性が男性にチョコレートを贈る習慣になっています。

　そのバレンタインデーについて、以下の言い伝えを聞いたことはありませんか？

　「ローマ帝国においては当時、兵士が結婚することは禁じられていた。しかしウァレンティヌスという司祭はその規則を無視し、兵士の結婚式を執り行った。その結果、皇帝の命令によりウァレンティヌスは処刑されてしまった。彼を記念して、彼が処刑された2月14日がウァレンティヌスの日として恋人たちの記念日になった──」

　しかし現代で広く信じられているこのお話は、疑わしいところが多々あるのです。

　上記のような言い伝えがそのまま書かれている古代の文献は確認されておらず、加えてカトリック教会が1969年に聖ウァレンティヌスを聖人暦から削除したことにも注目すべきです。

　また、ウァレンティヌスという名前の複数の殉教者についての逸話が、後に一人についての話だと伝えられるようになったと考える研究者もいます。

　ウァレンティヌスに関しての逸話はなかなか定まっておらず、たとえば数々の聖人たちの話を集めた『黄金伝説』においては、ウァレンティヌスは3世紀にクラウディウスという皇帝（クラウディウス・ゴティクス）の命により処刑されたと書いてあるものの、その理由はキリスト教の信仰を棄てなかったからだとされています。

　また『黄金伝説』には、ウァレンティヌスが結婚式を執り行ったことについては何も書かれておらず、祈りの力で人の視力を回復させた人物として記されています。

　ただ、古代から2月14日を記念日とする聖ウァレンティヌスという人物が伝えられているのは確かです。中世には恋人同士が2月14日に恋文を送りあうという習慣が生まれましたが、それはこの時期から鳥たちがつがいはじめると信じられていたからだと考えられています。

　現在でも、いわゆる雑学として「聖ウァレンティヌスは兵士の結婚を執り行って皇帝の命により処刑された」と耳にしますが、すでに書いた通り、この噂は根拠が怪しく、なかなか信じることが難しいものです。

　加えて、この話はローマ皇帝の残忍さが際立ち、ローマ皇帝あるいはローマ帝国に対してマイナスなイメージを広めか

ねません。いわゆる雑学に触れた時はその話の出所は何か、そしてその出所は信頼できそうかを常に頭に入れておくことが大切だと思います。

ゴディバのロゴの由来

　前項までは聖職者の聖ウァレンティヌスについて書きましたが、バレンタインデーのプレゼントによく選ばれる有名なチョコレートメーカーであるゴディバには少しラテン語が関わっています。

　ゴディバのロゴをご存じですか？　裸の女性が馬に乗っているというものです。なぜ、このようなロゴになったのでしょうか？

　この女性はゴディバ夫人という、中世イングランドに生きた人物です。マーシアの地方長官レオフリックの夫人というかなり高い身分にありました。なぜ彼女は裸で馬に乗ることになったのでしょうか？

　それは中世にウェンドーバーのロジャーという人によってラテン語で書かれた *Flores Historiarum*『歴史の花』という年代記に記されています。

　そこに書いてある物語によれば、ゴディバ夫人はコヴェントリーという街の住民たちが重税に苦しむのを見て、住民の生活を楽にしてほしいと夫に頼み込みました。

　最初は夫も妻の言うことを素直に聞き入れず、もうこの問題を持ち出すなと取り合いませんでした。しかし、妻の方はあきらめず説得を続けました。夫はとうとう怒ってしまい、このように妻に言い放ちました。

アスケンデ　エクゥウム　トゥウム　ヌーダ　エト　トランスィー　ペル　メルカートゥム
Ascende equum tuum nuda et transi per mercatum
ウィーッラエ　アブ　イニティオ　ウースクェ　アド　フィーネム　ポプロー　コングレガートー　エト
villae ab initio usque ad finem, populo congregato, et
クム　レディエリス　クォド　ポストゥラース　インペトラービス
cum redieris, quod postulas impetrabis.

「裸で馬に乗って、人を集めて町の市場を端から端ま
で通り抜けよ。戻ってきたら、望みをかなえてやろう」

　そこでゴディバ夫人は裸で馬に乗り、結んだ長い髪をほど
いて体全体が隠れるようにして市場を通り抜け、家に戻りま
した。そこで夫は約束通り、重税を免除することになりました。
　『歴史の花』が作られたのは13世紀なので、ゴディバ夫人
が生きたとされる11世紀よりかなり時代が開いているため、
この話が本当であったかどうかは疑わしいところがあります。
　けれども何百年にもわたり現代まで語り継がれたことで、
世界的企業のロゴにも採用されることになりました。

ラテン語で書かれたルター『95か条の論題』

　キリスト教の話題が続きましたが、一言でキリスト教と言
ってもカトリックとプロテスタント、あるいは正教会などに
宗派が分かれています。キリスト教の歴史においてカトリッ
クからプロテスタントが分かれた宗教改革は特に大きな出来
事であり、きっかけは、一つのラテン語の文章でした。
　それが『95か条の論題』です。聖職者のルターは贖宥状
を売って罰を免じるカトリック教会を批判するために、
1517年10月31日、この文章をドイツのヴィッテンベルク
にある教会の扉に貼り付けました。
　なぜルターは贖宥状の販売を問題視したのでしょう？　そ
もそも贖宥状というのは、罪を犯した人間への罰を免じる書

ルター（1483〜1546）

面で、カトリック教会が当時発行していたものです。サン・ピエトロ大聖堂の再建の費用など、多額のお金を必要としていた教会にとって、贖宥状はお金を集める手段としてありがたいものでした。

しかしながら、このような安易なやり方で罰が免じられること、言ってしまえば、金で罰を逃れられると教会が認めてしまっていることに疑問を持つ聖職者も存在し、ルターもそのうちの一人でした。

一つ強調したいのは、『95か条の論題』は、ルターが一般の人々に向けて書いたものではないということです。あくまで聖職者に宛てて書いた、贖宥状について議論したい話題のリストです。今日まで伝わっているラテン語の原文では、95ある論題のリストの前に、このような公開討論会への招待が書かれています。

Amore et studio elucidandae veritatis haec subscripta
disputabuntur Wittenbergae, praesidente R.P.
Martino Luther, Artium et S. Theologiae Magistro
eiusdemque ibidem lectore Ordinario. Quare petit, ut
qui non possunt verbis praesentes nobiscum
disceptare, agant id literis absentes. In nomine domini

ノストリー　イェースー　クリースティー　アーメーン
nostri Iesu Christi. Amen.

「真理への愛、そしてその真理を探究したいという熱
情から、下記のことについて、文学と神学の修士であ
りこの地の神学正教授である司祭マルティン・ルター
の司会で、ヴィッテンベルクにて討論を行いたい。こ
れに参加して直接見解を述べることが不可能であれば、
その場にいなくても書面で参加してほしいと願う。わ
れらの主イエス・キリストの名によって。アーメン」

　この前書きからも分かるように、ルターは直接問題点を民
衆に訴えたわけではないのです。そもそもラテン語は、知識
層の使うものでした。

　さらに言えば、民衆は聖書すら読むことはありませんでし
た。当時はラテン語訳の聖書が主に使われ、民衆はラテン語
が読めない以上、聖書を読むことはできません。

　厳密に言うと、ドイツ語訳聖書もあるにはあったのですが、
広くは読まれていませんでした。ドイツ語訳聖書が広く読ま
れるようになったのは、ルターが訳してからです。また、こ
の『95か条の論題』も、後にドイツ語に翻訳されてから広く
知られることになりました。

『95か条の論題』には何が書かれているのか？

　ここで、『95か条の論題』の内容を見ていきましょう。さ
すがに95の論題全てを扱うわけにはいきませんから、ここ
では2点を紹介します。

　贖宥状の販売を批判していると考えられる論題27は、以
下の通りです。

Hominem praedicant, qui statim ut iactus nummus in
cistam tinnierit evolare dicunt animam.

「『お金が箱に投げ入れられチャリンと音を立てればす
　ぐに魂が（煉獄から）飛び去るのだ』と語る人たちは
　（神の教えでなく）人間的な教えを宣べ伝えている」

　煉獄というのはカトリックにおいて想定されている世界で
そこでは罪の償いがまだ終わっていない死者の霊魂が至福の
状態に導かれるまで、残っている償いを果たすために苦しみ
の中に置かれると考えられています。

　贖宥状が売られていた当時は、一般の人々は死んだら魂は
まずは煉獄で苦しみを受けることになると恐れていました。

　その恐怖から逃れるために一部の人は、「贖宥状を買えば
自身で罪の償いをしなくて済みますよ」と説く説教師の口車
に乗せられ、贖宥状を購入するようになったと考えられます

　『95か条の論題』の主な問題提起が贖宥状の販売にあるこ
とが端的に分かる文章です。

　この『95か条の論題』で直接的に批判されたのは教皇で
はなく、贖宥状で罰が免じられると説く聖職者です。論題
42は次のようになっています。

Docendi sunt christiani, quod Papae mens non est,
redemptionem veniarum ulla ex parte comparandam
esse operibus misericordiae.

「キリスト教徒たちは、教皇は『お金で許しを買うこ
　とと憐れみの行いは全く別物である』と考えていると
　教えられるべきである」

　もちろん裏に教皇を批判したいという気持ちがあったと想像できなくはないですが、少なくとも『95か条の論題』を読む限りではルターは教皇を直接相手にしたかったのではないことが読みとれます。

　教皇に象徴されるようなカトリック教会の体制を潰したいわけではなく、あくまで末端で展開されている教えがまずいことを言っているのです。つまり、この時点では、ルターの意図は「カトリック教会への問題提起」と見るべきでしょう。

　ところが、ルターは結果的に旧体制側を怒らせてしまい、教会の権威と対決することになり、破門まで宣告されています。カトリックから独立し、現在まで続くプロテスタントを生むことになったのですから、『95か条の論題』という文章の力はあなどれません。

サン・ピエトロ大聖堂に刻まれたラテン語

　贖宥状を通して建て替え費用が集まったサン・ピエトロ大聖堂とはどのような建物でしょう？　その大聖堂はバチカン市国にあります。バチカン市国は、まさにラテン語が生まれたローマの中に存在する国家で、面積は0.44平方キロメートル、おおよそ東京ディズニーランド（0.51平方キロメートル）と同じです。

　国名の由来は、ウァーティカーヌス丘という丘です。バチカンはその上に築かれました。キリストの弟子である聖ペテロの墓がこの地に存在すると伝えられており、その墓の上に建てられたカトリック教会の総本山こそがサン・ピエトロ大聖堂です。

　現在の聖堂は2代目で、16世紀に建て替え工事が始まり

サン・ピエトロ大聖堂とその前にそびえるオベリスク
Credit: Didier Moïse / CC BY-SA 4.0
https://commons.wikimedia.org/wiki/File:St._Peter%27s_Basilica_in_Vatican_City.jpg

17世紀に完了しました。そして、そのファサード（建物正面）にはこんなラテン語が書かれています。

イン　　　　ホノーレム　　　　プリーンキピス　　アポストロールム　　パウルス　　クィーントゥス
IN HONOREM PRINCIPIS APOST PAVLVS　V
ブルゲスィウス　ローマーヌス　　ポンティフェクス　マクスィムス　アンノー
BVRGHESIVS ROMANVS PONT MAX AN
ミッレースィモー・セスケンテースィモー・ドゥオデキモー　ポンティフィカートゥース　セプティモー
　　　　MDCXII　　　　　　　　PONT　　VII

「使徒たちの長を称えるために、パウルス5世、ボルゲーゼ家の者でありローマ人であり教皇であるその彼が1612年に、教皇職7年目で（建設した）」

　この碑文にある pontifex maximus（PONT MAX と略され

104

ています）は、訳文にも書いたように教皇のことを指しています。ちなみにローマ教皇のＸ（旧Twitter）のアカウント名も、@Pontifex です。pontifex は元々「最高神祇官」を指す言葉でした。神祇官とは、古代ローマの公的な宗教行事をつかさどる神官団に属する人です。

　ラテン語で「橋」はpons、イタリア語ではponte なので、神祇官を指すpontifex は「橋を造る人」という意味だったと推測されます。なぜ「橋を造る人」が神祇官を指すようになったかははっきり分かっていませんが、一説には、神々と人間たちの間に立つという、神官の職務のイメージが反映されているものと考えられています。

　このpontifex がカトリックでは「司教」という意味になり、英語のpontificate「尊大に話す、横柄な態度で話す」の語源にもなっています。

　PONT MAX以外で注目したい言葉としては、PRINCIPIS APOSTがあります。これは、principis apostolorum「使徒たちの長」が略された表記です。

　使徒たちの長とは、ペテロを指します。「使徒たちの長を称えるために」彼の墓のあった場所に大聖堂があるのです。

　彼は元々漁師だったのですが、『マタイによる福音書』によれば、イエスに「わたしについて来なさい。人間をとる漁師にしよう（新共同訳）」と言われ、イエスの最初の弟子になったと伝えられています。

ローマ神話の時代からキリスト教の時代へ

　前章ではムッソリーニのオベリスクを紹介しましたが、サン・ピエトロ大聖堂の前に広がるサン・ピエトロ広場にもオ

ベリスクがそびえ立っています。そのオベリスクにも、ラテン語が刻まれていますので、見ていきます。

SIXTVS V　　PONT MAX OBELISCVM
VATICANVM DIS GENTIVM IMPIO CVLTV
DICATVM AD APOSTOLORVM LIMINA OPEROSO
LABORE　TRANSTVLIT　ANNO
MDLXXXVI　　　　PONT II

「教皇シクストゥス5世は1586年、教皇職2年目の年に、不敬なる崇拝において異教徒たちの神々に捧げられていたバチカン・オベリスクを、多大な労力をもって使徒たちの領域に移動させた」

　このオベリスクは元々エジプトにあり、それをローマ帝国時代にカリグラ帝がローマに運ばせました。
　長らくウァーティカーヌス丘の競技場に置かれていましたが、碑文が示す通り教皇シクストゥス5世の命により現在のサン・ピエトロ広場の中心の位置に移動されました。碑文の本文中の「異教徒たちの神々（DIS GENTIVM）」というのはローマ神話の神々を指します。
　かつて多神教が信じられていた古代ローマの地が、時が移り変わって一神教のキリスト教カトリックの総本山になったという歴史の流れを感じさせられる一文です。

モーセ像に角が生えている理由
　サン・ピエトロ大聖堂と同じく、ローマにあるペテロを祀った教会に、サン・ピエトロ・イン・ヴィンコリ教会があり

ます。

　ここには、ルネサンス期の
芸術家、ミケランジェロの代
表作の一つである有名なモー
セ像があります。

　モーセはユダヤ教、キリス
ト教、イスラーム教で預言者
として扱われる、古代イスラ
エルの指導者です。エジプト
に囚われていたユダヤ人をパ
レスチナ方面へ脱出させる
「出エジプト」を行った、民
族のリーダーです。

ミケランジェロ（1475～1564）の
モーセ像

　モーセが海を割るシーンで有名な映画『十戒』を例にとっ
ても、モーセの見た目は普通の人間と変わらないはずです。

　しかしながら、ミケランジェロのモーセ像には2本の角が
生えています。ミケランジェロ以前の中世においても、モー
セは角が生えた形で表されることがありました。

　なぜ、こんな不思議な姿になってしまったのでしょうか？

　謎の答えは、聖書のラテン語訳にあります。

　「グロリア・イン・エクセルシス・デオ」の箇所で言及した、
中世のラテン語訳聖書ウルガータを確認してみましょう。

　該当箇所は、『旧約聖書』内「出エジプト記」の34章29節
です。

クムクェ　　　デースケンデレト　　モーイーセース　デー　　　モンテ　　スィナイ　　テネーバト
Cumque descenderet Moyses de monte Sinai, tenebat
ドゥアース　　タブラース　　テスティモーニイー　エト　イグノーラーバト　　クォド　　コルヌータ
duas tabulas testimonii, et ignorabat quod cornuta

<ruby>esset<rt>エッセト</rt></ruby> <ruby>facies<rt>ファキエース</rt></ruby> <ruby>sua<rt>スア</rt></ruby> <ruby>ex<rt>エクス</rt></ruby> <ruby>consortio<rt>コーンソルティオー</rt></ruby> <ruby>sermonis<rt>セルモーニス</rt></ruby> <ruby>Domini.<rt>ドミニー</rt></ruby>

「彼がシナイ山から下りた時、彼は戒律の二つの板を
持っており、神と話をしたために自分の顔に角が生え
ていたことを知らなかった」

　なんと、モーセに角が生えていたと書かれているのです。
ミケランジェロたちのモーセに角が生えているのは、この訳
を元にしていると思われます。

　では、なぜ今では、モーセは角なしで描かれるのでしょう
か。その答えも、聖書にあります。

　今度は20世紀に作成された新ウルガータの同じところを
見てみましょう。

<ruby>Cumque<rt>クムクェ</rt></ruby> <ruby>descenderet<rt>デースケンデレト</rt></ruby> <ruby>Moyses<rt>モーイーセース</rt></ruby> <ruby>de<rt>デー</rt></ruby> <ruby>monte<rt>モンテ</rt></ruby> <ruby>Sinai,<rt>スィナイ</rt></ruby> <ruby>tenebat<rt>テネバト</rt></ruby>
<ruby>duas<rt>ドゥアース</rt></ruby> <ruby>tabulas<rt>タブラース</rt></ruby> <ruby>testimonii<rt>テスティモーニイー</rt></ruby> <ruby>et<rt>エト</rt></ruby> <ruby>ignorabat<rt>イグノーラーバト</rt></ruby> <ruby>quod<rt>クォド</rt></ruby> <ruby>resplenderet<rt>レスプレンデーレト</rt></ruby>
<ruby>cutis<rt>クティス</rt></ruby> <ruby>faciei<rt>ファキエーイー</rt></ruby> <ruby>suae<rt>スアエ</rt></ruby> <ruby>ex<rt>エクス</rt></ruby> <ruby>consortio<rt>コーンソルティオー</rt></ruby> <ruby>sermonis<rt>セルモーニス</rt></ruby> <ruby>Domini.<rt>ドミニー</rt></ruby>

「彼がシナイ山から降りた時、彼は戒律の二つの板を
持っており、神と話をしたために自分の顔の皮膚が輝
いていたことを知らなかった」

　「角が生えていた」が「皮膚が輝いていた」に変わってい
ます。新ウルガータのみならず、近年出版されている他の多
くの聖書の翻訳でも「皮膚が輝いていた」となっています。

　日本で主に使われる、新共同訳も同様です。

　　「モーセがシナイ山を下ったとき、その手には二枚の
　　掟の板があった。モーセは、山から下ったとき、自分

　が神と語っている間に、自分の顔の肌が光を放ってい
　るのを知らなかった」

　どうも近代以降は「皮膚が輝いていた」という訳に落ち着いているようです。ではウルガータのように、「角が生えていた（cornuta）」というラテン語訳になったのはなぜでしょうか？　これは『旧約聖書』の原語である聖書ヘブライ語の読みに起因しています。

　該当箇所は、原文のヘブライ語ではQRNと書かれています。このようにヘブライ語は通常の場合、母音は書きません。文字は子音しかなく、母音を表したい時は各々の子音の上下に点を打つことになっています。

　さらに、そのような上下の点がなくともヘブライ語話者同士は文脈で意味が分かるので、通常、点が打たれることはありません。

　この表記法が問題です。QRNという子音にどのような母音をあてるかで意味が違ってくるのです。

　この場合、qerenと読めば「角が生えていた」、qaranと読めば「輝いていた」となります。どちらの解釈も、理屈の上では間違いと言い切れません。

　多義的な原文を翻訳するとなると、どうしても訳文には訳者の選択が反映されます。みなさんは「角が生えていた」「輝いていた」どちらの訳の方がしっくりきますか？

　近現代の訳者たちは、角が生えるよりもより現実的な解釈を採用したようです。

IV

第 4 章

ラテン語と科学

この章では、近代の科学者によって実際に書かれたラテン語文の例を示しつつ、科学においてどんなラテン語が使われていたのか、そして学名として目にするラテン語にはどんな意味が込められているかを解説します。ユーモラスなものも数々登場し、堅苦しいイメージのある学名が身近に感じられることと思われます。

大プリーニウスの百科事典

　自然科学についての本は、古代ローマ人も書いていましたそれが有名な百科事典『博物誌（*Naturalis Historia*）』です。

　古代ローマに、「プリーニウス」という名前の有名な人物は二人います。一人はガーイウス・プリーニウス・セクンドゥスという本名で、「大プリーニウス」とも呼ばれています。

　もう一人は大プリーニウスの甥であるガーイウス・プリーニウス・カエキリウス・セクンドゥスで、「小プリーニウス」と呼ばれています。

　大プリーニウスは20代で軍隊に入り、最初はゲルマーニア（現在のドイツとその周辺）にて軍務に就きました。その後、軍隊内で出世し、重要な役職を任されるまでになりますまたティトゥス帝とも親しかったので、帝室関係の仕事をするようになりました。

　彼は50代の頃、ミーセーヌムという港の海軍提督の役職に就いていました。その時に近くのウェスウィウス火山の噴火が起こり、住民を救助するため、また噴火の様子を観察するために火山に近い地域に移動し、そこで有毒ガスや火山灰によって窒息死したというのが彼の最期です。

　このエピソードにも見えるように、大プリーニウスは非常

に勤勉で、寝る間も惜しんで研究や執筆に励んだと伝えられています。数々の著作を生み出し、現在残っているのが『博物誌』全37巻です。

　この作品はギリシャ・ローマの大量の文献からプリーニウスが得た知識を整理し、編纂したものです。扱う分野も非常に幅広く、天文学、地理学、動物学、植物学、薬学、鉱物学、芸術（彫刻、絵画）、宝石などがあります。

　とは言っても『博物誌』は全部が全部正確なものとは言えず、怪しい情報もかなり含まれています。

　たとえば、アフリカに住む「ブレミュエス族」は頭部がなく、口や目が胸部に付いていると伝えています。その他にも、アフリカあるいはインドに「スキアーポデス」という部族がおり、足は一本しかなく、暑い日には寝転がって足を上げて日傘のようにしたと書かれています。

　この『博物誌』は古代のみならず中世でも広く読まれ、またこの本において描写された数々の（空想上の）生き物は読む人の興味をかき立て、その時代の人が『博物誌』の記述を元にして描いた絵も多く伝えられています。

　大プリーニウスが伝える逸話はこれにとどまらず、現代に通ずるような話も収録されています。

　それによれば、アペッレースというギリシャの画家は、人々に作品を見てもらう時は自身が絵の後ろに隠れて自分の絵について何を言っているかよく聞いて、それを自分の作品作りに活かしていました。

　ある日、靴職人が「サンダルの書き方が不正確だ」という批判をするのを聞き、アペッレースはその部分を描き直しました。絵が描き直されたことでいい気になった靴職人は、今

度は足の描き方を批判します。

　ところがアペッレースは絵の後ろから姿を現し、靴職人に激しく怒ります。靴職人が靴のことを言うのはいいが、それ以外のことを批判するのは度を越えたことであるというのです。現代でも専門外の人がああだこうだ言って批判を受けるというのは、よく見る光景です。

　このように、プリーニウスの『博物誌』は単なる百科事典にとどまらず、読み物としても興味深い作品です。和訳本も出ているので、ぜひ読んでみてください。

克明に記されたウェスウィウス火山の噴火

　今度は甥の小プリーニウスの作品を見ていきましょう。「古代のタイムカプセル」とも呼ばれるポンペイの話は有名なので、一度は聞いたことがあるのではないでしょうか。

　ポンペイは、現在のナポリ近郊にありました。大プリーニウスの最期にも出てきたウェスウィウス火山の噴火の際、噴火による堆積物で町全体が埋まってしまうという悲劇に見舞われた町です。

　火山から降り注いだ堆積物が乾燥剤の役割を果たしたことで、1600年以上後に発掘された時も当時の姿を驚くほどよくとどめていました。

　ちなみにウェスウィウス火山（ヴェスヴィオ山）の火山活動は現在でも止むことはなく、直近では1944年に噴火しています。

　ポンペイが埋まることになった噴火は西暦79年に起こったもので、これが小プリーニウスによって記されています。

　噴火時、大プリーニウスと同じく小プリーニウスもミーセ

ーヌムにいました。8月24日のこと（考古学的には10月に噴火したという説が有力）、小プリーニウスの母親がとてつもなく大きな雲があるのを見つけます。

　その雲の形状は、まるで松の木のようだったと書かれています。また、土や灰がどのくらい含まれているかによって、白っぽかったり汚れたような色だったり、まだらな色をしていたりと、雲の色にも違いがありました。

　学者心が騒いだ大プリーニウスはもっと近くに行って観察しようと、現地に赴（おもむ）くことを決意します。そんな中、山の近くに住む人から救助依頼の手紙が大プリーニウスの元にやってきます。大きな船を何艘も救助用に用意させ、船団（せんそう）を引き連れて多くの人の救助に向かいました。

　船に乗っている時でさえも火山灰や軽石などが降りかかり多大な危険が迫っていましたが、大プリーニウスはそのまま進むことを決心し、その後、被災地に上陸します。なんとその地から逃げようとした友人の家に入れてくれと頼み込み、そこで友人の家族と一泊することにしました。

　しかしながら火山活動は収まる気配もなく、大プリーニウスも一度は寝たものの起きてしまい、他の人と家にとどまるべきか外に避難すべきか話し合います。家は土台を失ったかのように激しく揺れはじめ、かといって外は軽石が降り注いでいて、出るのは危険です。

　普通なら日が出ている時間帯でも空はとても暗く、ついには炎が見え、硫黄の臭いがたちこめ、ようやく大プリーニウスも逃げようとしたところ倒れてしまい、その後、息を引き取ります。小プリーニウスが想像するところでは、彼は元々気管が弱かったので煙で息ができなくなったとのことです。

ちなみに、大プリーニウスが経験し小プリーニウスが文書として残したこのウェスウィウス火山のような、大量の軽石や火山灰を放出する大規模な爆発的噴火を、彼らの名前から「プリニー式噴火」と言います。

　最後に、噴火時の人々の行動をありありと描写した箇所を引用します。

Cervicalia capitibus imposita linteis constringunt. Id
munimentum adversus decidentia fuit.
「彼らは枕を頭の上に載せ、亜麻布でそれを縛り付けました。これで降ってくる物から身を守りました」

　災害に直面して必死で身を守ろうとする情景が、2000年前に書かれたとは思えないくらい鮮明にこの文から伝わっています。現在、我々はポンペイの遺跡で古代ローマ人の生活環境を良好な保存状態で目にすることができますが、その裏にはこのような悲惨さがあったのです。

有名な科学の本はラテン語で書かれた

　ラテン語はローマ帝国が滅亡した後でもヨーロッパにおいては学者同士が話し合う際に使われ、また本を書くのにも使われました。ヨーロッパにはドイツの学者もいればフランスやイタリアの学者もいるので、相互にコミュニケーションをとるには何か共通語があった方が便利だったのです。

　また、研究書が主にラテン語で書かれた理由は、当時の西ヨーロッパにおいては大学ではラテン語が使われていたからです。

　ちなみに、そうした背景があったからこそ、ダンテがイタリア語で『神曲』を書いたことがセンセーショナルな出来事として知られています。

　要するに、当時は書き言葉と話し言葉が違っていたのです。日本においても同様に、江戸時代までは書き言葉と話し言葉が違っており、学術書は漢文で書かれることが一般的でした。

　ラテン語の話に戻りますと、ヨーロッパでも現代ではラテン語で学術書が書かれることはほとんどありませんが、18世紀頃まではごく普通のことでした。

　その時代以降も学術書がラテン語で書かれることはあり、たとえば数学の世界で名が知られているガウスが『整数論』を出版したのも19世紀のことです。

慣性の法則や地動説もラテン語で発表された

　ラテン語で書かれた科学に関する学術書の例を紹介します。

　最初に紹介するのは、アイザック・ニュートン（1643〜1727）の『プリンキピア』です。

　この『プリンキピア』というのは元のタイトルから抜粋したもので、ラテン語の元のタイトルは*Philosophiae Naturalis Principia Mathematica*「自然哲学の数学的諸原理」と言います。プリンキピアとは、「原理」という意味のラテン語なのです。

ニュートン

少し、『プリンキピア』からの引用を見てみましょう。慣性の法則について書かれた箇所です。

Corpus omne perseverare in statu suo quiescendi vel
movendi uniformiter in directum, nisi quatenus a
viribus impressis cogitur statum illum mutare.

「あらゆる物体は、それに加えられた力によって状態を変えることを強いられない限り、静止の状態あるいは直線上の一様な運動の状態を続ける」

ここで注目したいのはquiescendi「静止の」とmovendi「動かすことの」という単語です。quiescendiという単語はquiesco「静まる、休息する」という動詞の動名詞で、quiescoは英語のquiet「静かな」の語源でもあります。

movendiに関してはmoveo「動かす」の動名詞で、moveoは英語move「動かす、動く」の語源です。ちなみに、英語のmotor「モーター」の語源であるラテン語motorは「動かす人」という意味です。

コペルニクス

ニュートンよりずっと前、コペルニクス（1473〜1543）の『天球回転論』もラテン語で書かれました。この本は、当時人々に広く信じられていた天動説は疑わしく、地動説が確からしいことを世に広めた本として有名です。この本の中で、コペルニクスは以下

のように書いています。

プロインデ　　ノーン　　プデト　　ノース　　ファテリー　　ホク　　トートゥム　　クォド　　ルーナ
Proinde non pudet nos fateri hoc totum quod Luna
プラエキンギト　　アク　　ケントルム　　テッラエ　　ペル　　オルベム　　イッルム　　マグヌム
praecingit, ac centrum terrae per orbem illum magnum
インテル　　カエテラース　　エッランテース　　ステーッラース　　アンヌアー　　レウォルーティオーネ　　キルカー
inter caeteras errantes stellas annua revolutione circa
ソーレム　　トラーンスィーレ　　エト　　キルカー　　イプスム　　エッセ　　ケントルム　　ムンディ
Solem transire, et circa ipsum esse centrum mundi,
クォー　　エティアム　　ソーレ　　インモービリー　　ペルマネンテ　　クィククィド　　デー
quo etiam Sole immobili permanente, quicquid de
モートゥー　　ソーリス　　アッパーレト　　ホク　　ポティウス　　イン　　モービリターテ　　テッラエ
motu Solis apparet, hoc potius in mobilitate terrae
ウェーリフィカーリー
verificari.

「したがって、私は次のことを認めても恥ずかしいと
は思わない。すなわち、月が取り囲む全てのものおよ
び地球の中心は、他の惑星たちの間をあの偉大な天球
に沿って年周回転で太陽のまわりを移動すること。そ
して、太陽の近くに宇宙の中心が存在すること。さら
にその太陽は不動のままであり、太陽の運動と見える
ものが何であろうと、それはむしろ地球の可動性にお
いて真とされること」

　ここで注目したいのは、コペルニクスが宇宙の中心を太陽
そのものではなく「太陽の近く」と書いたところです。これ
については、「コペルニクスによる観測ではそのように見ら
れたから」や「天体の軌道が完全な円を描くわけではないか
ら」などと考えられています。

　コペルニクスの地動説は「太陽中心説」とも呼ばれること
がありますが、ここで引用したように太陽が中心とは文面に
はっきり書いておらず、はっきり書いてあるのは「太陽は静
止している」ということなので、「『コペルニクスは太陽静止

説を唱えた』と書く方がより正確である」と言う人もいます。

フェルマーの残したメモ

　また、数世紀以上証明されてこなかったフェルマーの最終定理（3以上の自然数nについて、$x^n + y^n = z^n$となるような自然数の組x, y, zは存在しない）も、書籍の形ではないですが元はラテン語で書かれました。

　ピエール・ド・フェルマーは17世紀のフランスの裁判官で、彼はアレクサンドリアのディオパントスという古代エジプトの数学者が書いた『算術』という本のラテン語訳の余白に、このようなメモを残しました。

クブム　　アウテム　イン　ドゥオース　クボース　アウト　　クァドラートークァドラートゥム
Cubum autem in duos cubos, aut quadratoquadratum
イン　ドゥオース　　　クァドラートークァドラートース　エト　ゲネラーリテル　　ヌーッラム　イン
in duos quadratoquadratos & generaliter nullam in
イーンフィーニートゥム　ウルトラー　　クァドラートゥム　　ポテスターテム　イン　ドゥオース　エイユスデム
infinitum ultra quadratum potestatem in duos eiusdem
ノーミニス　　ファース　エスト　ディーウィデレ　クィウス　レイー　　デーモーンストラーティオーネム
nominis fas est dividere cuius rei demonstrationem
ミーラービレム　サーネー　デーテークスィー　　ハンク　　マルギニス　　エクスィグイタース　ノーン
mirabilem sane detexi. Hanc marginis exiguitas non
カペレト
caperet.

「3乗数を二つの3乗数へ、4乗数を二つの4乗数へは分けられない。一般にnが3以上の場合、nが何であれ、n乗数を二つのn乗数へ分けることはできない。私はこの定理の驚くべき証明を確かに発見したが、（私がその証明を書こうとしても）この余白はそれを書くには狭すぎるだろう」

　ピエール・ド・フェルマーは肝心な証明の内容を、余白の狭さを理由に書かなかったので、この定理の証明が長らく謎

のままでした。

フェルマーは1665年に亡くなりましたが、フェルマーの最終定理が証明されたのは1995年のことです。

現在はラテン語で科学の本が書かれることはほとんどありませんが、科学の歴史において、ラテン語は重要な研究の成果や仮説を記すのに使われてきたのです。

他にもラテン語で書かれた本としては、ガリレオが最初に出版した『星界の報告』、ケプラーが惑星の楕円軌道について書いた『新天文学』、ハーヴェーが血液循環説を書いた『動物における血液と心臓の運動について』、ライプニッツが微積分法について書いた『極大と極小に関する新しい方法』などがあります。

太陽系のラテン語

さて、せっかくコペルニクスの地動説にも触れたので、宇宙について見ていきましょう。星についても、ラテン語が分かれば一段と深く知ることができます。

まずは「太陽」を指すラテン語solです。sol は英語solar「太陽の」の語源で、「ソーラーパネル」の「ソーラー」です。

sol はイタリア語やナポリ語でsole となり、ナポリ語の 'o sole mio「オー・ソレ・ミオ」は有名な歌のタイトルになっています（意味は「私の太陽」）。ちなみに 'o sole mio の 'o は定冠詞（英語のthe のようなもの）なので、「オー・ソレ・ミオ」の「オー」は英語の「oh」にあたる感嘆詞ではありません。

次は水星を指すMercurius です。英語のMercury「水星」の語源にもなっています。この星の名前は、ローマ神話にお

ける商人の守護神メルクリウス（マーキュリー）が元になっています（ギリシャ神話のヘルメースにあたる）。

メルクリウスは神々の間で素早くメッセージを届けるという役割もあり、そのためメルクリウスは翼のあるサンダルを履いた姿で描かれます。水星がMercuriusと名付けられたのは、惑星の中で一番公転速度が速いからだと考えられています。

続いて金星を指すVenusです。Venusは、美や愛欲の女神ウェヌス（ヴィーナス）の名前が元になっています（ギリシャ神話のアプロディーテにあたる）。愛欲の女神ということから、英語venereal disease「性病」のvenerealなどの語源になっています。

そして、私たちが暮らす地球を指すTerraです。terraというラテン語は他に「大地」という意味もあります。英語のterrestrial「地球の」の語源でもあり、これを元にextraterrestrial「地球外生命体」という言葉が作られ、この単語がE. T.と省略され、スティーヴン・スピルバーグ監督のSF映画の題名にもなっています。

ここで、地球の衛星である月についても少し解説します。

英語で「月」はMoonですが「月の」という形容詞はlunarです。lunarの語源はラテン語のluna「月」で、またlunaは英語のlunacy「精神異常」の語源になっています。これは、昔は月の影響によって精神の病が引き起こされると考えられていたからです。

続いては「火星」です。Marsといい、戦の神マールス（マーズ）が元になっています（ギリシャ神話のアレースにあたる）。戦の神なので、武道を意味するmartial arts「マーシャ

ルアーツ」のmartialの語源などにもなっています。

　次に「木星」です。Iupiterという、ローマ神話の最高神ユーピテル（ジュピター）の名前が元になっています（ギリシャ神話のゼウスにあたる）。

　さらに次は、「土星」を指すSaturnusです。これはユーピテルの父サートゥルヌス（サターン）の名前が元になっています（ギリシャ神話のクロノスにあたる）。

　これが第6の惑星であることを考えれば、セガから6番目に発売されたコンシューマーゲーム機が「セガサターン」と呼ばれるのも納得ではないでしょうか。

　次は「天王星」です。Uranusといい、ギリシャ神話の天空の神ウーラノスが元です（ローマ神話のカエルスにあたる）。日本語の「天王星」も、天空の神であるウーラノスの位置づけが反映された訳になっています。

　続いて「海王星」のNeptunusです。これは海神ネプトゥーヌス（ネプチューン）の名前が元になっています（ギリシャ神話のポセイドーンにあたる）。この惑星が「海王星」と訳されたのも、これに由来しています。

　また、惑星から外されて現在は準惑星となっている「冥王星」の英語名Plutoは死者の国の王であるプルートーが元になっています。「冥王星」という日本語も海王星と同じように、プルートーと関連付けた訳になっています。

12星座のラテン語

　惑星の次は星座を見ていきましょう。星座とラテン語の関わりもかなり深く、英語圏でも12星座の名前はラテン語由来の名前で呼ばれることが多いです。

はじめに解説するのは、「おひつじ座」を表すAriesです。ラテン語のaries「牡の羊」がそのまま使われています。

　次は「おうし座」のTaurusで、これもラテン語taurus「雄の牛」から綴りは変えられていません。アミノ酸の一種「タウリン（taurine）」の語源もこのtaurusで、牛の胆汁の中から発見されたことに由来します。

　続いて「ふたご座」のGeminiはラテン語gemini「双子の人たち」が元で、双子を表すので複数形になっています。この双子の名前はカストルとポッルークスといい、ギリシャ神話のゼウスとレーダの間に生まれた双子です。

　次に来るのは「かに座」のCancerです。英語のcancer「がん」の語源になっており、腫瘍とそれを取り囲む数々の血管がカニのように見えたからだと考えられています。

　今度は「しし座」のLeoです。ラテン語のleo「ライオン」が元になっています。leoは英語lion「ライオン」の語源でもあり、タンポポを指す英語dandelionも成り立ちは「ライオンの歯」です（葉っぱの形がそのように見えたことから）。また、アフリカにある国「シエラレオネ（Sierra Leone）」も国名の成り立ちは「ライオンの山」です。

　次は「おとめ座」のVirgoです。ラテン語のvirgo「おとめ」が元で、virgoは同じ意味の英語virginの語源にもなっています。ちなみに、おとめは古典ギリシャ語でparthénosと言い、「パルテノン神殿」の由来もこのparthénosです。

　また、おとめ座で一番明るい「スピカ」という星は「麦の穂」という意味のラテン語spicaが元です。このspicaは靴の裏などに付けることがある「スパイク（spike）」と同じ語源です。確かに麦の穂先もスパイクも、どちらも尖っています

　続いて「てんびん座」を指す Libra です。ラテン語の libra「てんびん」から変わっていません。この libra という単語は、あまり知られていませんが実はイギリスの通貨に関係しています。実は「ポンド」を表す記号 £ は libra の頭文字のエルが元になっています。

　ラテン語の libra は「てんびん」を指すとともに、重さの単位でもありました。「ポンド」の方の語源はラテン語の pondo「ポンド」で、pondo の元は pondus「重さ」です。ラテン語の pondo「ポンド」は libra pondo「重さにおいて〜リーブラ」の libra が省略された形です。

　次は「さそり座」を表す Scorpio です。ラテン語の scorpio（または scorpius）「さそり」が元で、scorpio は英語の scorpion「さそり」の語源にもなっています。

　ちなみに、この星座で一番明るい星である「アンタレス（Antares）」は「アレース（Árēs, 古典ギリシャ語で「火星」）に似た星」という意味合いです（「火星に対抗する星」という説もあります）。

　続いては「いて座」を表す Sagittarius です。ラテン語の sagittarius「弓を射る人」が元になっています。ちなみに、「矢座」という星座もあります。

　次は「やぎ座」です。英語では Capricorn と言いますが、ラテン語では Capricornus「雄山羊（caper）の角（cornu）」となっており、語形が少し違います（さらに日本語の星座名は「やぎ」だけなので、角まで言及している英語やラテン語と違っています）。cornu は英語の corn「うおのめ」の語源になっています。つまり皮膚が「角質化」するということです。

そして次に「みずがめ座」です。Aquariusといい、語源はラテン語のaquarius「水を運ぶ人」です。aquaが「水」というのは分かりやすいのではないでしょうか。たとえば英語aquariumで「水族館」になります。他にも、水産物の養殖を指すaquacultureなどにもaquaが含まれています。

　ちなみにaquacultureのcultureは「文化」ではなく「養殖栽培」という意味です。一般に「文化」の意味で知られている英語cultureの語源であるラテン語culturaの原義は「耕すこと」です。

　最後は「うお座」で、Piscesです。ラテン語のpisces「魚」が元ですが、piscesは複数形です（単数形はpiscis）。というのも、うお座として描かれる魚は二匹だからです。

　piscesが語源になっているイタリア語がpescatore「漁師」

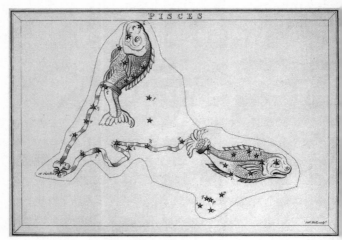

1824年に出版された星座カード集『ウラニアの鏡』より、うお座のカード。PISCESの題とともに二匹の魚が描かれている

で、たとえば「スパゲッティ・ペスカトーレ」と言われている spaghetti alla pescatora は「漁師風スパゲッティ」という意味です。

12星座を見てきましたが、日本語と少し違ったものもあり意外ではなかったでしょうか。また、たとえば最後の「うお座」の魚は複数形でしたが、日本語だけでは気づくことが難しい星座のより正確なイメージがつかめたと思います。

ラテン語を通じて元素が見えてくる

今まで太陽系や星座など、宇宙をマクロに見てきましたが、今度はこの宇宙を構成する物質の名前になったラテン語を見ていきましょう。元素記号は、ラテン語名の頭文字からとられています。

たとえば、炭素の元素記号であるCは、この元素のラテン語名 carboneum が元になっています。

さらに carboneum の元は carbo「炭、木炭」です。この carbo はたとえば英語の carbohydrate「炭水化物」の語源にもなっており、carbohydrate は「ロカボダイエット（low-carb diet）」の「カボ」の部分の元です。

他にも「カーボンニュートラル（温室効果ガスの排出量が全体としてゼロの状態）」の「カーボン」は、炭素の化合物である二酸化炭素（英語の carbon dioxide）を指します。

また、フッ素の元素記号Fの元であるラテン語名 fluorum も興味深いです。fluorum の元は fluo「流れる」なのですが、これにはフッ素の化合物である蛍石が関係しています。というのも、物質に蛍石を加えると融点が下がって液化しやすくなるのです。

ちなみにfluoが元になっている単語には、たとえば英語のfluent「流暢な」などがあります。日本語でも英語でも、ペラペラとよどみなく話すさまは「流れるように話す」と見られたことが分かります。

　他にもfluid「流体」やinfluence「影響」なども、fluoにさかのぼれます。influenceの原義は「流入」なのですが、大昔には星の光が体内に流れ込んで心身に影響を与えると考えられたため、「影響」という意味にもなりました。

　その他にも、「鉄」の元素記号がFeなのもラテン語のferrum「鉄」が元です。ferrum自体はあまり英語の語源には関係しておらず、消しゴム付きの鉛筆の金属部分を指す「フェルール（ferrule）」は一見、ferrum由来に思えますが、別のラテン語viriola「小さな腕輪」が元になっています。

　「ルビジウム（rubidium）」という元素の名前はrubidus「赤みがかった」が元になっています。これは、この元素の化合物が赤色の炎色反応を示すことに由来します。

　元素の名前からなんとなく想像はできると思いますが、赤い宝石の「ルビー（ruby）」も、rubidusと同じ語源です。

　また、金の元素記号Auもラテン語aurum「金」が元になっています。これがフランス語になると、orという形に変化しました。

　orだけ見てもあまりなじみがないと思いますが、2018年のカンヌ国際映画祭で是枝裕和監督の『万引き家族』が受賞した最高賞の「パルムドール」はフランス語で「黄金のシュロ（Palme d'Or）」という意味で、ここにorが出てきます。

　また、『ハリー・ポッター』シリーズに出てくる寮の名前「グリフィンドール（Gryffindor）」も、名前の由来は「黄金

のグリフォン」だと考えられています。

　aurumはイタリア語になるとoroという形に変化し、pomodoro「トマト」も成り立ちは「金のリンゴ」です。私たちがよく目にするトマトは赤いですが、オレンジ色に近い品種のトマトもあり、pomodoroはその品種の色から名付けられたと考えられます。

　さらに、スペイン語でも金はoroと言い、「オロナイン」の「オロ」の元になっています。

　さて、最後に紹介する元素は、ラジウム（radium、元素記号Ra）です。元になったラテン語のradiusは「光線」という意味で、これはラジウムが放射線を出すためです。

　昔は、時計の文字盤が夜でも光るようにラジウムが塗られていたこともあります。radiusは英語のray「光線」やradiation「放射」の語源にもなっています。

　ラテン語radiusには、「車輪のスポーク（車輪の軸と輪とを放射状につなぐ棒）」という意味もあります。「車輪のスポーク」から「円の半径」も指すようになりました。これを知っていれば数学などで円の半径がr（radiusの略）と書かれるのも納得できるのではないでしょうか。

違いが分かるホモ・サピエンス

　今までは星や元素など、生き物ではない話題を取り上げました。ここからは動物や植物に焦点を当て、それに関連するラテン語を解説していきます。

　「ラテン語についてどんなイメージを持っていますか」と聞くと、一定数の人が「学名に使われている言語」と答えます。確かに、普段生活していても街中の樹木の下に日本語の

名前と学名が記されているプレートを見ることがあり、もしかしたら最も身近に触れられるラテン語かもしれません。

中でも一番よく耳にする学名としてのラテン語は、人間を指す時に使われる「ホモ・サピエンス（*Homo sapiens*）」ではないでしょうか。ここにある Homo はラテン語では「人間」の意味ですが、学名として使われる場合は「ヒト属」を指します。

学名の構成は、一単語目は属名、二単語目は種小名となっています。sapiens とはラテン語で「分別がある」を意味する形容詞です。人間は「分別があるヒト」というわけです。

sapiens は sapio「分別がある」という動詞から派生した単語で、sapio の元の意味は「味が分かる」です。ちなみに英語の savory「おいしい」や insipid「味気ない、つまらない」も、sapio にさかのぼれます。

「判断力がある」の元が「味が分かる」というのは、大昔の人々が物事をどう考えていたかが垣間見えて、非常に興味深い語源です。

カワイイ学名とジミ・ヘンドリックス

興味深い学名としては、*Sasayamamylos kawaii* が挙げられます。この動物は白亜紀に生きたほ乳類で、大きさはネズミくらいで発達した臼歯を持っています。兵庫県篠山市（現・丹波篠山市）で化石が発見されたため、前半の Sasayama の部分は「篠山層群」、mylos は古典ギリシャ語で「臼」が元です

では kawaii とは何でしょう？　これは兵庫県立 人と自然の博物館の名誉館長であり、霊長類学者の河合雅雄さんにちなんで名付けられました。

　このように、新種の生物を発見した人がその学名に他の人の名前を盛り込むのはわりとよく行われています。人名で、特に母音で終わる男性名には名前の後に i をつける命名方法が一般的です。これは、ラテン語の文法が影響していると思われます。

　まず、古代ローマ人の男性名は -us で終わることが多いです。たとえば Brutus「ブルートゥス」など。第 1 章でも少し話しましたが、文法的なことを説明すると、-us で終わるのは「主格」の形で、たとえば Brutus という語形なら「ブルートゥスが」や「ブルートゥスは」という意味になります。

　これが「ブルートゥスの」であれば Bruti という語形になります。なので、人名を i で終わらせると「〜の」というラテン語っぽくなるのです。つまり kawaii であれば「河合の」という意味合いになります。その結果、河合さんにちなんだ学名が偶然にも「カワイイ」となったのです。

　他にも、アシタバの学名 *Angelica keiskei* の keiskei は明治時代の植物学者伊藤圭介さんに敬意を表して付けられたものです（angelica はラテン語で「天使のような（植物）」という意味）。

　名前が付けられる人は植物学者に限らず、たとえば *Dudleya hendrixii* という学名の多肉植物があります。

　hendrixii の部分はギタリストのジミ・ヘンドリックスにちなんで付けられたものです。理由は、この植物を最初に発見した人が、発見時にジミ・ヘンドリックスの Voodoo Child を聴いていたからです。

　また、人名由来の学名として、普段耳にすることがあるのは、日本でも食される「バナメイエビ」だと思います。この

呼ばれ方は、このエビの学名 *Litopenaeus vannamei* の後半部分が元になっています。vannameiは、アメリカ合衆国の動物学者 Willard Gibbs Van Name の名前から付けられました。

人名由来ではありませんが、バナメイエビ同様、学名がそのまま名前になった例は他にも、たとえば「エリンギ」があります。このキノコの学名は *Pleurotus eryngii* と言います。

eryngiiはラテン語で「エリンギウムの」という意味で、このキノコがエリンギウムという植物が枯れた後、その根っこに生えることからこの名前が付きました。

死者の国からやってきた殺し屋クジラ

また、時に学名にはそれを名付けた人の主観も入っています。たとえばモクセイの学名 *Osmanthus fragrans* の fragrans というラテン語の意味は「香りの良い」です。

さらに言うと Osmanthus の部分は古典ギリシャ語 osmḗ 「香り」＋ ánthos 「花」という要素から成り立っているので、*Osmanthus fragrans* には「香り」が重複して含まれています。

シロツノユウジョハチドリ
Credit: Feroze Omardeen / CC BY 2.0
https://www.flickr.com/photos/sucriertt/30181461491/
in/photostream/

「キンモクセイと言えば香り」というのは学名からもかなり強く伝わってきます。

また、バイソングラスの学名 *Hierochloe odorata* の odorata の意味も「香りの良い」です。

シロツノユウジョハチドリの学名 *Lophornis*

adorabilis の adorabilis は「かわいい」という意味です（同じ意味の英語 adorable の語源）。かわいいかどうかは、主観によると思うのですが……。

また、かなり強い主観というわけではないですが、植物の様子をうまく表している学名もあります。たとえばオジギソウの学名 *Mimosa pudica* の pudica は「慎み深い」という意味です。つまり、触られると葉を閉じてしまう様子を「慎み深い」と表現しているのです。

さらに、ツリフネソウ属の学名 *Impatiens* はラテン語で「じっとしていられない」という意味で、これは果実が成長すると、最終的には裂けて中に入った種子を勢いよく飛ばすことに由来します。

このような例は植物だけでなく、動物の学名にもあります。シャチ属の学名 *Orcinus* はラテン語で「死者の国の」という意味です。これは非常に狩りが上手いことに由来すると思われます。英語でも、シャチは killer whale「殺し屋クジラ」と呼ばれています。

学名を知ると深く理解できる

学名を知っていると、その植物を有効に使えるという利点もあります。たとえばマテバシイの学名 *Lithocarpus edulis* の edulis は「食べられる」という意味のラテン語です。実際、マテバシイのドングリは食べることができます。

つづいて、生姜の学名 *Zingiber officinale* の officinale はラテン語で「薬用の」という意味なので、学名からも薬用効果があることが分かります。

officinale という形容詞は、officina「薬局」が元になって

います。officinaの元の意味は「仕事場」で、英語のoffice「仕事場」もofficinaと同じ語源を持っています。

　また、時に学名は施設の名前としても使われることがあります。東京の新橋駅近くにある「カレッタ汐留」の名前は、実はアカウミガメの学名*Caretta caretta*が元なのです。

　公式ホームページによると、長い時を悠々と生きる亀のイメージに、ゆったりとした時間、余裕のあるライフスタイルを持つ都市生活者のイメージを重ね合わせて名付けたとのことです。ちなみにカレッタ汐留には「亀の噴水」というものもあります。

　その他にも商品名に使われることもあり、薬の「ボラギノール」はムラサキ科の学名*Boraginaceae*が元です。これは発売当初、ムラサキの根から抽出されるエキスを配合していたことに由来します。

　このように学名は時に命名者による見方を反映していたりその意味を知るとその植物の利用方法が分かったりするので学名を知ると動物や植物への見方が一段と深くなります。

　ぜひ、今後は木の幹にあるプレートや水族館などの説明看板にある学名を見て、意味を調べてみてください。面白い発見があるはずです。

人体にひそむヒラメとネズミ

　今までは動物や植物を見てきましたが、範囲を絞って人間だけを見ていきましょう。

　人間の体は様々なパーツで構成されており、それぞれに名前が与えられています。そして、世界中の人に共通の名前で通じるように、人体のそれぞれのパーツにはラテン語の名前

が付けられ、解剖学を習う人は人体のパーツをラテン語で覚えます。

ラテン語といっても、全部が全部堅苦しく、覚えるのが難しい用語になっているわけではありません。面白いネーミングの解剖学用語もあります。

たとえば、ふくらはぎにある「ヒラメ筋」があります。ラテン語での用語はmusculus soleusと言います。soleusはsolea「シタビラメ」から作られた形容詞です。

この筋肉の形がシタビラメに似ていることから「シタビラメ筋肉」とラテン語で名付けられ、日本語では「ヒラメ筋」と訳されました。

ちなみにsoleaは元々「サンダル」という意味で、英語のsole「足の裏」の語源でもあります。「インソール」のソールです。

サンダルに似ていることからシタビラメがsoleaと呼ばれるようになり、さらにシタビラメに似ている筋肉が「シタビラメ筋肉」と呼ばれるようになるとは、連想の道筋が見えて興味深いです。

筋肉の話をしましたが、英語のmuscle「筋肉」も面白い成り立ちをしています。muscleの元は先ほど出てきたラテン語musculus「筋肉」で、musculusの元の意味は「小さなネズミ」です。力こぶを作る際などの筋肉の動きがネズミの動きのように見えたことから、musculusが「小さなネズミ」の他に「筋肉」も指すようになりました。

ちなみに同じ語源の英単語に、ムール貝を意味するmusselがあり、これもこの貝が小さなネズミのように見えたことに由来します。

まだまだある人体のラテン語

　他にも、筋膜を意味する解剖学用語fasciaは元々「帯状の物」という意味で、第２章で「ファシズム」の語源として言及したfasces「ファスケース」もfasciaの仲間です。

　ちなみにfasciaは筋を包む膜だけを指すとは限らず、骨や内臓を包む膜もfasciaと呼ばれるので「筋膜」という訳語は限定しすぎています。

　加えて、「長掌筋（手を強く握って握りこぶしを作ったときに手首で最も目立つ腱）」はpalmaris longusと言います。longusは英語のlongと似ているので「長い」だと想像できると思いますが、palmarisとは何でしょう？

　これはpalma「手のひら」からの派生語で、「手のひらに関する」という形容詞が元になっています。つまりpalmaris longusの成り立ちは「手のひらに関する細長い筋肉」です。

　ちなみに野球選手が受けることがあるトミー・ジョン手術は、投げすぎが原因で肘関節の内側側副靱帯に断裂が生じた際に、長掌筋の腱を内側側副靱帯に移植する手術を指します。

　手のひらを指すpalmaは他に「シュロの木」も指し、また古代では競技の勝利者にはシュロの枝が渡されたので「勝利」や「栄誉」の意味もあります。先ほど登場したパルムドールが「黄金のシュロ」なのも、この慣習からきています。

　ちなみにラテン語と野球の思わぬ関係でいうと、夏の甲子園の優勝旗にVICTORIBUS PALMAEとラテン語で書かれており、意味は「勝者に栄誉あれ」だと考えられます。

　最後に紹介したいのは、耳にある「あぶみ骨」という骨です。この骨は幅も長さも数ミリ程度しかない、人体で一番小さい骨です。解剖学用語でstapesといい、中世ラテン語の

第105回全国高校野球選手権大会で優勝を決め、優勝旗を手にする慶應義塾高校の選手。優勝旗にはラテン語が見える
写真:日刊スポーツ/アフロ

「あぶみ」を指すstapesが元です。

　「あぶみ」というのは馬具の一種で、鞍の両脇につるして馬に乗る人がそこに足を踏みかけるものです。その骨の形があぶみに似ているのでstapesと名付けられ、日本語でも「あぶみ骨」と呼ばれるようになりました。名付けた人がこの骨をどう捉えたか知ることができて興味深いです。

ラテン語が元になっている栄養素の名前

　今までは人体そのものを見ていきましたが、人体に欠かせない栄養素についても、ラテン語由来の名前があります。普段何気なく耳にしているものでも、語源のラテン語の意味を

知ればより身近に感じると思います。

　ラテン語が語源になっている栄養素で代表的なものとしては、なんと言ってもまずは「ビタミン」が挙げられます。

　語源はvita「生命」とamine「アミン」です。ビタミンというものはアミンでできていると思われていたからです。アミンとは、アンモニアNH₃の水素原子を炭化水素基で置換した化合物の総称です。

　名付けたカシミール・フンクは、その論文の中でなぜ"vitamine"と名付けたのかは語っていませんでしたが、vita（ラテン語で「生命」）とamine「アミン」を合わせて、「生命の維持に不可欠なアミン」という意味合いで"vitamine"と名付けたと考えるのは難しくありません。

　ちなみにビタミンにはアミンでできてないものもありますが、それが見つかったのは、"vitamine"と名付けられた後のことです（また、フンクは"vitamine"と命名した時、それはアミンではないことが後々判明するかもしれないと気づきつつも、響きがよくキャッチーな名前として"vitamine"と名付けたと書いています）。そのため、"vitamine"は後に"vitamin"と綴りが変更されました。

　その他には、「インスリン」もラテン語由来です。語源はinsula「島」で、英語のinsular「島の」や、「絶縁」や「防音」を指すinsulationの語源になっています。インスリンというのは膵臓の中の「ランゲルハンス島」にある細胞から分泌されるので、このような語源になっています。

　体内で分泌されるラテン語由来の物質に関しては、他にも「アドレナリン（adrenaline）」があります。これは「〜の近くに」という意味のadと「腎臓」を指すrenesが語源になっ

ており、成り立ちに込められた意味は「腎臓の近くで分泌される物質」です。実際、アドレナリンは腎臓のすぐ上にある副腎髄質から分泌されています。

　栄養素に関しては、他にもサプリメントなどで目にする「カルニチン（carnitine）」は、ラテン語のcaro「肉」が元です。これは肉エキスから発見されたことに由来します。

　caroだけ見るとなじみがないと思われますが、英語のincarnation「肉体化、化身」やreincarnation「生まれ変わり」、あるいは花の「カーネーション」の語源でもあります。

　他にも、ラテン語由来として「ヘモグロビン」が挙げられます。「ヘモ」は古典ギリシャ語で「血」を意味するhaîmaが元なのですが（英語のhemorrhage「出血」の前半部分も同じ）、「グロビン」の元はラテン語のglobulus「小さな球」です。globulusはglobus「球」に指小辞が付いた形で、globusは英語で「地球」や「地球儀」を指すglobeの語源になっています。

　牛乳などに含まれる「カルシウム」はラテン語のcalx「石灰」が元です。これはカルシウムが、石灰石などの中に化合物の形で含まれていることに由来します。このcalxという語形にはあまりなじみがないかもしれませんが、英語のchalk「白亜、チョーク」の語源になっています。

　最後に紹介したいのは、「カロテン（carotene）」です。これはラテン語のcarota「にんじん」が元です。ご想像の通り、carotaは同じ意味の英語carrotの語源になっています。

　このように、普段見たり耳にしたりしている栄養素や物質名の語源にはラテン語が数々あり、語源の意味を知ればその物質が分泌されている場所やその栄養素が入っている食べ物

も覚えやすくなります。

ラテン語が元になっている病気や薬

　健康に資する栄養を見てきましたが、今度は逆に健康を脅かす病気にまつわるラテン語について解説します。

　2020年以降、地球上の人間は「新型コロナウイルス」に悩まされるようになりました。ラテン語関係の人間としては複雑な思いなのですが、「コロナ」も「ウイルス」もラテン語が元です。

　「コロナ」の方はウイルスの見た目が太陽のコロナに似ているからそう名付けられたものです。太陽のコロナの語源はラテン語の corona「かんむり」で、これは英語の crown「王冠」の語源でもあります。また、ラテン語で「小さい冠」は corolla といい、車名の「カローラ」の元になっています。

　また「ウイルス」の方は、ラテン語の virus「毒」が元です。古代ローマのラテン語の発音では、virus は「ウィールス」と言います。したがって、日本語の「ウイルス」は、たとえば英語のように「ヴァイラス」と発音するよりも語源であるラテン語の発音に近いのです。

　「ワクチン（英語では vaccine）」も、ラテン語の vaccinus「牝牛の」が元です。これは、エドワード・ジェンナーによって発明された世界初のワクチンである天然痘のワクチンが牛の病気である牛痘（ラテン語で variolae vaccinae「雌牛の天然痘」）にかからせるというものだったことに由来します。

　コロナ以外でも病気にまつわる話題には、ラテン語由来のものが多くあります。一例は「インフルエンザ」で、これは英語の influence「影響」と語源が同じです。

中世において、天体の影響が関係していると考えられた伝染病の発生がイタリアでinfluenzaと呼ばれ（語源はラテン語influentia「流入、影響」）、これが18世紀にインフルエンザがイタリアから広まった際に英語に入りました。

他に病気関係の語としては、英語で「検疫」を指すquarantineの語源も興味深いです。元はイタリア語のuna quarantina giorni「およそ40日間」です（quarantinaはさらにラテン語quadraginta「40」にさかのぼります）。

天然痘が大流行した大昔、ヴェネツィア共和国が国内に広がるのを防ぐために感染が疑われる船を40日間隔離させたことに由来します。

ラテン語は薬の名前の語源になることもあります。分かりやすいのは「フェミニーナ軟膏」で、ラテン語のfemminina「女性の」が元だと考えられます。その他には、酔い止めの「センパア」はsemper「常に」が語源であると思われます。

歯磨き粉のOra2（オーラツー）は、恐らく「口」を指すラテン語oraあるいは「口の」という形容詞oralisが元だと思われます。

また、「ニベア」はあの白い色から「雪のように白い（nivea）」が元だと想像できます。他にも「デントヘルス」の「デント」はdens「歯」が思い浮かびます。

また、胃腸薬に「ウルソ」という製品があり、ursus「熊」が元になっています。これは熊の胆汁から作られる薬の薬効を起源として開発された薬だからです。

また医学一般で言うと、英語のmedical「医療の」はラテン語のmedicus「医者」が語源になっています。ドクター（doctor）はラテン語では「教師」という意味です。

その他にも偽薬を指す「プラシーボ（placebo）」は、ラテン語で「私は喜ばせるだろう」という意味です。

　また、薬局の看板でたまに目にするRに斜め線が入った記号は処方箋（しょほうせん）を表しており、元はラテン語の"recipe"「取れ」です。この「取れ」は薬を調合する人への指示で、「薬を調合するための材料を用意せよ」という意味合いです。「レシピ（recipe）」の元にもなっています。

菌の名前になったラテン語

　宇宙の話から地球、そして動物の学名から人体のパーツの話などを見てきましたが、最後はよりミクロの世界である菌について解説します。

　まずは、ビフィズス菌です。とは言っても「ビフィズス菌」というのはBifidobacterium属に属する細菌の総称なので、「ビフィズス菌」よりも「ビフィズス菌群」と言った方がいいかもしれません。

　ともあれ、この「ビフィズス」という名前の元は、学名を*Bifidobacterium bifidum*という菌の種に以前あてられていた学名*Bacillus bifidus*の後半部分です（bacillusはラテン語で「小さい杖」という意味）。

　bifidusという言葉の語源はラテン語のbifidus「二叉の（ふたまた）」です。この語源が示すとおり、実際にこの*Bifidobacterium bifidum*という菌はY字形になっています。このように、学名の意味を調べればその形状が分かるものもあります。

　ちなみにbifidusのbi-は「2」という意味で、たとえば英語のbicycleは「二輪車」です（bikeはbicycleが短くなったもの）。bifidusのfidusの部分は「分かれた」という意味で、英

語の fissure「亀裂」の仲間で
もあります。「核分裂」を指
す nuclear fission の fission
も同じです。

　ニホンコウジカビを指す
学名 *Aspergillus oryzae* は菌を
題材にした漫画『もやしも
ん』に「オリゼー」として登場
しましたが、この oryzae は
「米の」という意味です。

　Aspergillus の 語 源 は カ
トリックの儀式で使われる
「撒水器」を指すラテン語
aspergillum で、菌の形がこ

主人公の沢木直保とオリゼーが表紙
を飾る石川雅之『もやしもん』13巻
（講談社）

の道具に似ていることに由来します。

　また、商品名にも使われている「乳酸菌ヘルベ」は
Lactobacillus helveticus SBT2171 という菌の名前が元で、
helveticus は「スイスの」という意味です。

　フォントに Helvetica というものがありますが、これはス
イス人によって作られたからです。また、スイスの国別コー
ドトップレベルドメインの .ch は、Confoederatio Helvetica
「スイス連邦」というラテン語が略されたものです。

　他にも、ビブリオ属の「ビブリオ（Vibrio）」は「振動す
る（vibro）」というラテン語が元（英語の vibration「振動」
の語源）で、これはこの菌の自動運動性によります。

　最後に、ボツリヌス菌（*Clostridium botulinum*）です。「ボ
ツリヌス菌」という名前は以前の学名 *Bacillus botulinus* に由

来します。

　botulinusは「ソーセージの」という意味のラテン語で、ソーセージを食べた人の間でこの菌による食中毒が起こったため、この名前が付きました。現在でもソーセージを作る際にはボツリヌス菌の増殖を抑えるために亜硝酸塩（あしょうさんえん）が添加されることが多いです。

　ちなみに「一歳未満の赤ちゃんに蜂蜜を食べさせてはいけない」とよく言われますが、これは蜂蜜にボツリヌス菌の芽胞が含まれることがあるからです。

　大人であれば腸管の中に常在細菌が存在し、ボツリヌス菌が腸管に定着して増殖するのを防ぐのですが、常在細菌がない乳幼児の場合はボツリヌス菌の芽胞を摂取するとそれが腸管内で発芽あるいは増殖してしまい、中毒を起こすと考えられています。

　さらに、細菌の「レジオネラ属」という名前の由来にもラテン語が関わっています。*Legionella* という学名はラテン語の legio「軍団」が元になっており、これは1976年にアメリカ合衆国のペンシルベニア州で開かれた米国在郷軍人会（American Legion）の集会で、当時原因不明だったこの種類の菌の大規模な感染が起こったからです。200人弱が肺炎にかかり、そのうち29人が死亡したという悲惨なものでした。*Legionella* という学名の語源を知れば、この細菌のグループの危険性を甘く見てはいけないと気づきます。

第 5 章

ラテン語と現代

この章では仕事や買い物など日常生活で目にするラテン語を解説しています。毎日使っているあの製品の名前もラテン語由来かもしれません。現代でもニュースや翻訳書などで新たに生み出されつづけるラテン語についても焦点を当てています。ラテン語に対するイメージがこの章でかなり変わると思われます。

テクノロジーにひそむラテン語

　現代社会を生きる私たちにとって、古代ローマやラテン語を意識する機会というのはなかなかありません。しかしながら現代社会を象徴するようなテクノロジーの分野にも、実はラテン語由来の用語が少なからず使われています。

　たとえば、少し時代は古いですが「ファックス」は「ファクシミリ」の略で、ファクシミリはラテン語で「似た物を作れ（fac simile）」という意味です。facはfacio「作る」の命令形で、facioは英語のfactory「工場」の語源になっています。

　simileは英語のsimilar「似ている」や、resemble「似る、似ている」のsembleの部分、またsimulation「シミュレーション」の語源にもなっています。

　ところで、人間は三つの点や線が集まった逆三角形を見つけると、つい二つの目と口、つまり顔に見立ててしまう本能があります。これは「シミュラクラ現象」と呼ばれているのですが、simulacraは「似姿」という意味のラテン語で、これもsimilisからの派生語です。

　他にも「データ」という言葉もラテン語由来です。これは「与えられたものたち（data）」という意味です。

　英語のdataは、辞書では「複数または単数扱い」と解説され、複数形をdata、単数形をdatumとすることが多いようです。これは元のラテン語dataが複数形だからです。

　「デジタル」もラテン語由来です。語源は「指（digitus）」です。デジタルな情報（たとえば、デジタル時計の表示など）は離散的（飛び飛び）な値で示されており、指で数える時も数え方が離散的になるからです。

　指で数える時は"1、2、3"というように、整数でしか数えられません。"1.5"のような、整数と整数の間にある数字を数えることができません。指で数えるとは、離散的なのです。

　返信のメールの件名にある"Re:"は、これは多くの方が勘違いされていますが、英語のreply「返信」の意味ではなく、ラテン語のin re「～に関して」の略です。実は電子メールを返信するたびに、現代人はラテン語に触れているのです。

　最後に、「コンピュータ（computer）」自体もラテン語由来です。ラテン語のcomputoは「計算する」で、つまりコンピュータは「計算機」という成り立ちです。

　深掘りすると、computoはputo「刈り込む、評価する、考える」の派生語です。putoは英語のdispute「論争する」、impute「～のせいにする」、repute「評判」の語源になっています。

　このように、実はIT関係の用語にはラテン語由来のものが数多く、他にもまだまだあります。語源が分かれば、慣れない新語も意味が覚えやすくなります。新語に触れた際は、ぜひ語源を調べてみてください。

アジェンダとアマンダはよく似た構造

　テクノロジー関係に限らずとも、我々は日常生活でラテン語が元になった言葉を多く使っています。一番分かりやすいのは、計画や議事日程を指す「アジェンダ」です。元はラテン語agendaで、意味は「行われるべき事々」です。

　この -nd- の部分は「されるべき」という意味を含みます。人名の「アマンダ（Amanda）」も、成り立ちは「愛されるべき人」です。英語のlegend「伝説、（地図やグラフの）凡例」も元は「読まれるべきもの」です。

　プロパガンダ（propaganda）も、元は「広められるべき」という意味のラテン語でした。これは現在の教皇庁の福音宣教省の旧名「布教聖省」のラテン語名Congregatio de propaganda fideが元になっています。つまり「広められるべき信仰の省」です。

　「アジェンダ」同様、仕事まわりの言葉でラテン語が元になっているのは、「アドホック」です。たとえば、特定の目的のために設置される委員会のことは「アドホック委員会」と呼ばれます。アドホックはラテン語で「それのために（ad hoc）」という意味です。

　再びテクノロジー関係の用語に戻りますが、たとえば「アドホックモード」は端末同士がアクセスポイントを経由せずに無線LAN通信を行うことです。この通信がその場限りのものだということを示しています。

　「プロボノ」という言葉もあります。これは職業上得た技術や経験を活かして取り組む社会貢献活動を指します。ラテン語の「公共の益のために（pro bono publico）」が縮まったものです。

　publico「公共の」は分かりやすいです。英語のpublic「公共の」の語源です。bono「益」はbonus「良い」という形容詞から派生した名詞で、bonusは英語のbonus「ボーナス、賞与」の語源にもなっています。

　その他にも企業関係でいうと、「メセナ」もラテン語と無縁ではありません。メセナはフランス語で、「企業による文化・芸術活動への支援（mécénat）」を指し、日本でもその意味で通用しています。

　語源は古代ローマの有力者であるマエケーナース（Maecenas）という人名です。彼はアウグストゥス帝の友人であり、そしてウェルギリウスやホラーティウスなど、名だたる詩人たちのパトロンでもありました。彼が詩人たちの後援者であったことから、後に芸術活動への支援が「メセナ」と呼ばれるようになったのです。

まだまだあるラテン語由来のカタカナ語

　続いては、「エゴイスト」です。「エゴイスト」の「エゴ」の語源は、ラテン語の「私が（ego）」です。英語だと"I am"に相当します。これはかなり分かりやすい語源です。このように、一見難しそうな単語でも語源はかなり単純であることが多いです。

　収集した情報を編集して新たな意味や価値を付与することを指す「キュレーション（curation）」もラテン語由来です。展覧会の企画をキュレーション、そうした仕事を生業にする人をキュレーターと呼んだりします。

　語源になったラテン語のcuratioは「世話」という意味で、curatioはcura「世話、不安」の派生語です。このcuraは英

語の cure「治療」の語源になっています。

　最後は「プロレタリア」です。これは現在では「資本主義社会において、生産手段を持たず自分の労働力を資本家に売って生活する賃金労働者」を指します。「ブルジョア」に対する語です。

　同じ意味のドイツ語 Proletarier が日本語に入ったものですが、Proletarier 自体の語源はラテン語 proletarius「最下層市民」です。これは proles「子孫」から派生した単語で、理由は最下層市民が、子孫を産むことでしか国家に貢献する方法がないとされていたからです。

商品名や社名の元になっているラテン語

　さらに世の中を見渡してみると、実はカタカナ語だけではなく社名や商品名もラテン語にあふれていることが分かります。たとえばフリマアプリの「メルカリ」はラテン語で「取引する（mercari）」という意味です。サービスの内容にぴったり合ったネーミングです。

　また、海外の PC メーカーの Acer（エイサー）は、ラテン語で「鋭い」という意味です。つまり、日本の家電メーカーの SHARP と意味が共通しています。

　ここまでの例はラテン語をそのまま使ったものですが、少し変えている例もあります。たとえば教育事業を展開しているベネッセ（Benesse）の名前は、ラテン語の bene「良く、適切に」と esse「ある、〜である」を組み合わせたものです（ベネッセの公式の発信では、esse の意味を「生きる」としています）。

　Benesse の場合は元の要素がある程度残っていますが、由

来からかなり離れた例もあります。

スポーツメーカーの ASICS（アシックス）も元はラテン語です。ただ ASICS という単語があるわけではなく、anima sana in corpore sano「健全な肉体に健全な魂」の各単語の頭文字をつなげたものです。

これは古代ローマの詩人ユウェナーリスが書いた orandum est ut sit mens sana in corpore sano「健全な精神が健全な肉体にあれと願うべきである」という文を参考にしたものだと考えられます。

自動車業界とラテン語

一風変わった由来があるのは、自動車メーカーの Audi（アウディ）です。audi は、ラテン語で「聞け」という意味です。英語の audio「オーディオ」、auditorium「講堂」、audition「オーディション」などの語源にもなったラテン語です。

では、どうして自動車メーカーの名前が「聞け」なのでしょうか？

これは、創業者のアウグスト・ホルヒ（August Horch）の姓（Horch）が、ドイツ語で「聞け」という意味の horch と同じ綴りであることが元になっているのです。

「ボルボ」も、ラテン語由来の社名です。volvo は「私は転がす」という意味で、こちらはアウディよりも自動車メーカーの名前としてしっくりくるラテン語です。

次は車名を見てみましょう。こちらもラテン語由来のものが数多くあります。

たとえばトヨタの「プリウス」はラテン語で「より前面の、より優れた」という意味を持つ prius が元になっており、そ

の他にも「イプサム」は「それ自身（ipsum）」、「スープラ」は「上に（supra）」という意味です。supraは、英語のsuper-「超」の語源になっています。

車関係でもう一つ付け加えたいのが、タイヤメーカーのミシュランのマスコットである「ビバンダム（Bibendum）」です。よく知られる「ミシュランマン」の呼び名は通称です。

ビバンダムの名前の由来は、ミシュランの初期のポスターに、タイヤのキャラクターとともにラテン語でnunc est bibendum「今こそ飲むべし」と書かれていたことです。

加えてポスターにはフランス語で「乾杯！ミシュランタイヤは路上の障害物を飲み込みます」とも書かれています。つまり、タイヤが路上にある障害物を踏んでも衝撃を吸収するという広告訴求に、「飲む」から連想してnunc est bibendum「今こそ飲むべし」というラテン語のフレーズをつけているのです。

nunc est bibendumは、ホラーティウスの詩集『カルミナ』の第1巻37歌にあります。これはクレオパトラの敗北とローマの勝利を祝っている内容の詩です。タイヤの広告にもラテン文学からの引用が使われている背景には、当時のフランスではホラーティウスなどの作品が学校で広く使われていた事情があったと考えられます。

紋章が読めるとよく分かる組織の姿勢

製品名の元になっている短いラテン単語とは違って、日常生活においてラテン語の文を見る機会は意識しないとなかなか多くないと思いますが、組織や商品のロゴにもなる紋章に書かれる言葉としてよくラテン語が使われます。

1898年のミシュランのポスター

まずは、お酒のラベルにあるものから見ると、スコッチウイスキーのバランタインのラベルにある紋章では「人類の友（Amicus Humani Generis）」とあります。amicus はスペイン語の amigo「友達、アミーゴ」の語源です。

　他にも、アイリッシュウイスキーのジェムソンのラベルの紋章には「恐れなどなく（SINE METU）」と書かれています。metu「恐れ」は、英語の meticulous「極めて注意深い」の前半部分の語源になっています。

バランタインのラベルに見られる紋章

ジェムソンのラベルに見られる紋章

　国章などに書かれているラテン語にも興味深いものがあります。たとえばフランスの領土である、マダガスカル島近くのレユニオン島の紋章にはFLOREBO QUOCUMQUE FERAR「どこへ運ばれようと、私は咲き誇ってみせるだろう」と書かれています。

　florebo は floreo「咲く」の未来形で、floreo は flos「花」から派生した動詞です。flos は英語の floral「花の」の語源になっています。レユニオン島の紋章は、自分自身を植物の種に見立てた表現です。このフレーズは、元々はフランス東インド会社の標語でした。

レユニオン島の紋章

スコットランドにおけるイギリス国章
Credit: Sodacan / CC BY-SA 3.0
https://commons.wikimedia.org/wiki/File:Royal_Coat_of_
Arms_of_the_United_Kingdom_(Scotland).svg

パリ市章
Credit: Bluebear2 / CC BY-SA 3.0
https://commons.wikimedia.org/wiki/File:Grandes_
Armes_de_Paris.svg

　他にもスコットランドにおけるイギリスの国章には、下部
に NEMO ME IMPUNE LACESSIT「何人たりとも、私を挑
発して無事では済まない」とあり、かなり強気でかっこいい
標語になっています。

　その他にも、フランスのパリ市の紋章には FLUCTUAT
NEC MERGITUR「たゆたえども沈まず」と、ラテン語で書
かれています。fluctuat は英語の fluctuation「変動」の語源
で、mergitur は英語の submerge「沈没させる」の後半部分
の語源になっています。

パリ市の紋章には大きい船が描かれており、パリという船は波に揉まれることはあっても決して沈むことはないだろうということを表しています。

　大学の校章にもラテン語は登場します。

　たとえばハーバード大学の校章にはVERITAS「真理」、イェール大学の校章にはLUX ET VERITAS「光と真理」とラテン語で書かれており、真理を探究する場である大学にふさわしい標語になっています。

　なお、veritas「真理、真実」はverus「本当の」の派生語で、英語のvery「とても」やverify「確認する」の語源になっています。

　また、オックスフォード大学の校章に書かれているラテン語は「主は我が光である（DOMINUS ILLUMINATIO MEA）」です。日本の例では、慶應義塾大学の校章はペン先を重ねたデザインですが、CALAMUS GLADIO FORTIOR「ペンは剣よりも強し」という有名な格言が付記されています。

　ここまで紹介してきた紋章は、いずれも古くからあったものが現代にも残っている例ですが、現在でも紋章は新たに作られています。

　たとえば20世紀に作られた、イングランド最北部に位置するベリック・アポン・ツイードという行政教区の紋章にはラテン語で「勝利、栄光、報酬（VICTORIA GLORIA MERCES）」と書かれてあります。また、こちらも20世紀に作られたイギリス泌尿器科医協会の紋章には「合わさった力は、さらに強い（VIS UNITA FORTIOR）」と書かれています。

　あるいは、フロリダのウォルトディズニーワールドにある

ハーバード大学の
校章

イェール大学の
校章

オックスフォード大学の
校章

「エプコット」というパークの中にあるRose & Crownという酒
場の看板の紋章にはOTIUM CUM DIGNITATE「威厳を伴
う余暇」というフレーズが書かれており、これは古代ローマ
の政治家キケローが重視していた概念です。

　紋章に書かれたラテン語を読めば、その組織のスタンスや
創作物で作者が表現したいことがより深く理解できます。今
後、どこかで紋章を見る機会があれば、文字の部分にも注目
してみてください。

ハリー・ポッターのラテン語

　世界的に愛されている児童文学である『ハリー・ポッター』
シリーズにも、紋章が登場します。

　たとえば主人公のハリー・ポッターたちが魔法を学ぶホグワ
ーツ魔法魔術学校の紋章には、ラテン語で「眠っているドラ
ゴンをくすぐるべからず（DRACO DORMIENS NUNQUAM
TITILLANDUS）」と書かれています。

　紋章に書かれているラテン語なので崇高な意味かと思いき
や、そんなに大層な内容ではないことが分かります。

　ちなみに元々英語圏では、魔術師はラテン語を理解するも

のだという認識があり、たとえば「ちちんぷいぷい」という意味の hocus pocus という英語のフレーズも、ただ単に語尾をラテン語のようにしたものです。

『ハリー・ポッター』シリーズに出てくる呪文の多くにラテン語の要素が含まれているのも、英語圏での一般的な認識に沿ったものです。

加えて、著者の J・K・ローリング氏は大学でラテン語を学んでいたので、ラテン語を組み合わせて呪文を作るのは難しくなかったと考えられます。

呪文では、たとえば相手を苦しめる「クルーシオ（Crucio）」があります。これはまさにラテン語の「私は苦しめる（crucio）」が元になっています。ちなみに crucio の語源は crux「十字架」で、crux は英語の cross「十字」の語源になっています。crucio は、英語の excruciate「苦痛を与える」の語源です。

守護霊を呼び出す呪文「エクスペクト・パトローナム」はラテン語の Exspecto patronum.「私は保護者を待つ」が元になっています。ここに出てくる patronum は英語の patron「支援者、パトロン」の語源です。

また、patronum は pater「父」から派生した単語です。つまり、古代ローマ人は保護者とは父のような存在だという認識を持っていたことが分かります。

人物名にもラテン語が隠れています。たとえば、いかめしい顔のスネイプ先生は Severus Snape（セブルス・スネイプ）という名前ですが、この severus はラテン語で「厳しい」という意味で、英語の severe「厳しい、シビアな」の語源です。

オオカミに変身してしまうリーマス・ルーピン（Remus

Lupin）先生の名前の由来はもっと分かりやすいものです。
姓であるLupinはラテン語のlupinus「オオカミの」あるい
はlupinusが元になった英語lupine「オオカミの」が関係し
ていると考えられ、名のRemusは第2章でも解説した、ロ
ーマ建国伝説において狼に育てられた「レムス」と綴りが同
じです。

　他にも寮の談話室に入る際の合言葉など、シリーズを通し
てさまざまなところでラテン語が使われているので、『ハリ
ー・ポッター』シリーズを愛する「ポッタリアン」の方は、ラ
テン語を知ることで作品をより深く理解できるかと思います。

東京ディズニーリゾートのラテン語

　ハリー・ポッターといえば、その舞台裏が体験できる「ワ
ーナー ブラザース スタジオツアー東京 – メイキング・オ
ブ・ハリー・ポッター」が、2023年6月にとしまえん跡地
にオープンし、話題になっています。ユニバーサル・スタジ
オ・ジャパンのハリー・ポッターエリアも人気です。

　日本を代表するテーマパークである東京ディズニーリゾー
トにも、ラテン語に触れられる場所が数々あります。実際に
パークに行った際は現地で確認してみてください。

　特に紹介したいのが、東京ディズニーシーのアメリカンウ
ォーターフロントにあるアトラクション「タワー・オブ・テ
ラー」の外壁です。このアトラクションは、ハリソン・ハイ
タワー三世が経営していた旧ホテルを使っているというスト
ーリーになっています。

　外壁にはハイタワー三世の紋章と思われるもの（開いた貝
に地球が重なっており、その地球は剣に突き刺されている）

の下にMUNDUS MEA OSTREA EST「世界は私のostreaである」と、ラテン語で書かれています。

　これはディズニーに詳しい人には知られているもので、テレビ番組でも「外壁にラテン語で『世界は私の牡蠣（かき）である』と書かれている」と紹介されていました。

　ostreaの訳についてはいったん保留にして、アトラクション内部に入ってみましょう。

　入り口にハリソン・ハイタワー三世を描いた巨大なステンドグラスがあり、その縁にTHE WORLD'S MYNE OYSTER, WHICH I WITH SWORD WILL OPEN「世界は私のoysterであり、それを私は剣で開けるだろう」と英語で書かれてあるのが見えます。

　前半部分が、先ほどのラテン語の内容と少し共通していそうなのが分かります。ということは、この英文が分かれば外壁に書かれたラテン語がより深く理解できそうです。

　英文学に詳しい方ならピンときたかもしれませんが、ステンドグラスに書かれた英文はシェイクスピアの『ウィンザーの陽気な女房たち』に出てくるものです。

　これはピストルという登場人物が、お金をなかなか貸さない相手に放った台詞です。日本語訳では「では、この剣にもの言わせ、貝の如くに閉ざしたる世間の口をこじあけて、真珠を頂戴するのみだ（小田島雄志訳）」となっています。

　お金を借りたいピストルにとって貝を開けるというのは目的の途中段階にすぎません。最終目的はお金自体を手に入れることであり、英文中のoysterは「牡蠣」ではなく真珠を生み出す「アコヤガイ」と解釈した方が自然であることが分かります。

　実際、英語の oyster やラテン語の ostrea は、「牡蠣」だけでなく多くの種類の貝を指します。

　ラテン語文に戻りましょう。つまり MUNDUS MEA OSTREA EST は「世界は私のアコヤガイである」と訳す方が好ましいと言えます。

　なお、これは直訳です。英語圏では "The world's mine oyster" は、シェイクスピアの原典からそういった意味が読み解けるように、「世界は自分のものだ」という意味になります。世界の遺物をコレクションする富豪であるハイタワー三世らしい言葉です（この英語のフレーズは広く知られており、最近では LE SSERAFIM という韓国のグループが「The World Is My Oyster」という曲を出しています）。

　アトラクションの外壁にある一装飾に、英文学とからめたラテン語を書く細やかさには、さすが東京ディズニーリゾートだと感じさせられます。

パリのディズニーランドにひそむ古代ローマ詩人

　日本を離れて、パリのディズニーランド・パークに行ってみましょう。幽霊屋敷アトラクション「ファントム・マナー」の入り口の看板です。

　看板の下部には「私が完全に死ぬことはないだろう（NON OMNIS MORIAR）」とラテン語で書かれています。これはビバンダムの解説の際に言及した詩人ホラーティウスの詩集『カルミナ』にある言葉です。

　詩集の締めくくりとして自分は長い年月残る記念碑を建立したと自慢し、そして「私が完全に死ぬことはないだろう」と書いています。つまり、詩人自身が死んでも本人が書いた

詩は残るから、完全には死なないということです。その詩人の自慢のフレーズを幽霊屋敷の入り口に使うとは驚きました

このように、日本でも海外でも、ディズニーパークはなかなか注目されない細かいところにもこだわっています。ディズニーランドでどうも英語ではない文字列を見かけた際は、その場で検索することで新たな発見があるかもしれません。

ラテン語は「死語」と言えるか？ ラテン語会話の世界

ここまでは、ネーミングや創作などに使われるラテン語を解説してきました。ただ、ラテン語は現代においてそのような用途でしか使われない死語なのでしょうか？

たしかに現在、ラテン語を公用語とする国はバチカン市国だけで、そのバチカンでも日常会話はイタリア語でなされており、日本人のみならず外国人からも「ラテン語は死語」という言葉を聞きます。

しかしながら、それは本当でしょうか？

世界には今でも、ラテン語で話す人がいます。一人で話すだけでなく、複数人で会話をする人も存在します。

ラテン語会話の本も数多く売られています。一番のおすすめは *Conversational Latin for Oral Proficiency*（意味は『スピーキング熟達のためのラテン語会話』。John C. Traupman著）という英語で書かれた本です。

これは学校、人体、食事などさまざまなジャンルに分かれた章で成り立っており、それぞれの章ではその話題に関するラテン語対話と、そのトピックに関連するラテン語表現のリストが載っています。

他にも、*Vita Nostra* というラテン語会話集（＋語彙集。

Stephen A. Berard 著）やフランスの ASSIMIL という語学教材のラテン語コースなど、世界的にラテン語会話の教材は充実しています。

　日本語で読めるラテン語会話の教材としては、『現代ラテン語会話 カペラーヌス先生の楽しいラテン語会話教室』という、大学書林から 1993 年に出版された本があります。

　これは *Sprechen Sie Lateinisch?*（意味は『ラテン語を話しますか？』。Georg Capellanus 著）というドイツで出版されたラテン語会話の本を日本語に訳したものです。会話に使えるラテン語フレーズはそれほど多く載っていないのですが、気軽にラテン語会話に触れられるものとして、ラテン語会話に興味のある方にはおすすめできます。

　実際に会話する機会は日本国内ではあまりありません。以前は東京大学のヘルマン・ゴチェフスキ教授がラテン語で話す集まりを開催していましたが、現在は開かれていません。

　しかしこの現代には、オンラインで外国の人と会話するという素晴らしい方法があります。

　Telegram という、LINE のようなアプリ上でラテン語話者たちがグループを作り、定期的なミーティングでお互いの近況などをラテン語で共有しあっています。

　ヨーロッパやアメリカ合衆国などでは、ラテン語の先生やラティニストたちが対面形式で、ラテン語で会話することもあります。

　気軽に参加できる機会としてはサマースクールがあります。何十人かの参加者が共同生活をして朝から晩までラテン語で話したり、ラテン語で授業を受けたり、ラテン語で夕食会に参加したりと、ラテン語漬けの生活を送るというものです。

人と話はしたくないけれどラテン語の会話がどんなものか聞いてみたいという方には、たとえばYouTubeチャンネルのLATINITIUMやSatura Lanx、ScorpioMartianusなどをおすすめします。これらの動画を見れば、話されるラテン語がどんな響きなのかが分かります。

　SNSなどで外国のラテン語話者とメッセージを送りあうこともあります。eメールのことを、元からあるラテン語epistula「手紙」とかけてe-pistulaと表す人もいます。なかなかうまい訳です。

　このように、現在でもラテン語は話されたり書かれたりしています。現代でもコミュニケーションのツールとして、ラテン語が使われているのです。

　日本人である私がチェコやヨルダン、イタリアなどのラティニストと交流する時にはラテン語を使います。それは、私たちの中でラテン語が共通語だからです。現代でも一部ではこのように「生きて」いるのですから、ラテン語は決して死語とは呼べないのではないでしょうか。

今でもラテン語に訳される児童文学

　本章で『ハリー・ポッター』の話をしましたが、実は『ハリー・ポッター』は小説の第1作と第2作がラテン語に訳されています。

　ちなみに、ラテン語訳においては、主人公の名前はハッリウス・ポッテル（Harrius Potter）と、古代ローマの人名のようになっています。

　『ハリー・ポッター』のように、世界的に有名な文学作品はラテン語に翻訳されています。まさにこうした動きからし

164

ても、ラテン語が死語ではなく、世界中にラティニストを抱えていることがよく分かります。中でも、多くの人に知られている児童文学の翻訳が多いです。

『不思議の国のアリス』は、1964年にラテン語訳が出版されました。この翻訳のうれしいポイントは、現在売られている新しい版では、ラテン語で母音を伸ばす時はその記号を付けているところです。

文法書や初心者向けのラテン語読解参考書などであれば母音の伸ばし棒が付けられますが、通常は付けられません。そういう意味で、この『不思議の国のアリス』のラテン語版は学習者にやさしい仕上がりになっています。

『不思議の国のアリス』よりさらに時代が古い児童文学の『ロビンソン・クルーソー』や『宝島』も翻訳されています。翻訳者の Arcadius Avellanus は19世紀後半から20世紀前半に生きた人で、ラテン語の普及に努めました。

たとえば、ラテン語でニュースを書いたり（Praeco Latinus）、ラテン語会話に関する本も数冊執筆したり、自身もまたラテン語で会話していました。彼のこのような姿勢から、彼のことを「現代によみがえったエラスムス（ラテン語で Erasmus Redivivus）」と呼ぶ研究者もいます。

続いては『くまのプーさん（Winnie Ille Pu）』です。この本の親切な点は、巻末にラテン語訳に関する注釈が付けられているところです。この本はアメリカ合衆国で人気を博し、ニューヨーク・タイムズ紙のベストセラーリストにも掲載されました。好調な売り上げは世間のラテン語への高い関心を物語っていると言えます。

その他にも、『ホビットの冒険』もラテン語訳（Hobbitus

Ille) が出ています。作者J・R・R・トールキンの文学は『指輪物語』をはじめ日本でも人気で、ラテン語訳の読書会が日本で開かれたこともあります。

『星の王子さま』に学ぶラテン語訳の思わぬ利点

　日本でも大人気の『星の王子さま』もラテン語に訳されています。『星の王子さま』は世界中で人気を博しており、この本ほど多くの言語に訳されている児童文学は無いのではないでしょうか。

　ただ、翻訳にあたって無視できないのは誤訳の問題です。児童文学では難しい語彙が使えず、複数の意味を持つ日常的な単語を使うことが多いです。そのため、実は児童文学の翻訳は結構難しいのです。

　『星の王子さま』は、特に誤訳を指摘されている作品で、日本語訳のみならず、各国語の訳で誤訳が度々見られます。

　しかし、『星の王子さま』のラテン語訳には、誤訳のリスクがほとんど考えられないバージョンがあります。それは、作者のサン゠テグジュペリと同じフランス人 Auguste Haury が訳したものです。他の国の訳者がラテン語に訳した例もありますが、私のおすすめするラテン語訳は、断然 Auguste Haury が訳したものです。

　というのも、まず、この訳者が原文を誤解することは考えにくいからです。

　一般的に本の翻訳は、訳す目標の言語のネイティブスピーカーが行うことが多いです（日本語訳なら日本語のネイティブスピーカー、英語訳なら英語のネイティブスピーカー）。そうした翻訳者は、作者と異なり原語のネイティブスピーカ

ーではないので、原文を正確に理解できない場合があるというリスクが当然あります。

　しかしながら、Auguste Haury は『星の王子さま』の著者と同じフランス人です。したがって、元のフランス語の読解の信頼度が高いのです。

　たとえば、『星の王子さま』第2章にフランス語原文で、

je griffonnai ce dessin-ci. Et je lançai

という部分があり、ここを「私はこの絵を描いて、放り投げた」というような日本語訳をしている訳者が少なからずいます。つまり、この訳では、私が「絵」を投げています。

　一方、Haury のラテン語訳は、この文を

イマーギネ　ハーク　エクサラーター　ウェルバ　ハエク　コントルスィー
Imagine hac exarata verba haec contorsi.

と訳しています。これをさらに日本語に訳すと、「この絵を描き上げ、次の言葉を放った」となります。先ほどと意味が変わっています。

　問題は、フランス語の lancer という単語です。これには「投げる」「（言葉を）放つ」などいろいろな意味があり、そこで一部の訳者は前者の意味にとってしまったのです。原文のフランス語で lancer の目的語が省略されているのも、解釈を難しくしている要因です。

　これが、Haury によるラテン語では verba haec contorsi「次の言葉を放った」と、目的語も加えて丁寧に訳されています。このように、一部の訳者が誤訳をしてしまう難しい箇

所について、同時にラテン語訳を参照することで原文の意図がはっきりする例は少なからずあります。

　日本でもファンの多い『星の王子さま』をできるだけ正確に読みたいという方には、ラテン語訳が大いに参考になるはずです。当然、ラテン語の知識が必要になってしまいますが、それでも原文を理解するための大きな助けになると思われます。

ラテン語だとダサくなるバーテンダー

　翻訳にしろ何にせよ、現代においてラテン語で書く際にどうしても無視できないのは、古代ローマにはなかった新しいものをどうラテン語で書き表すかという問題です。これについては先人たちが様々な方法を試みています。

　まずは、古代ローマにあった似たものを指す単語で代用するという手があります。

　古代ローマにはないものをラテン語でどう表せるかを記した辞典 *Lexicon Latinum Hodiernum*（意味は『今日的なラテン語の辞典』。バチカンの出版局が出したもの）によれば、たとえば「ラビオリ（イタリアの水餃子のような料理）」は lixulae と書かれています。

　ただ lixulae は古代ローマではチーズ入りパンケーキを指すものなので、どうしても意味が少しずれてしまいます。しかしながら長々と説明せず一語で言い表せるので、この手法は長い説明で文が散漫にならないようにするには効果的です

　続いては、その形状などの説明を細かく書くという方法を紹介します。

　Lexicon Latinum Hodiernum よりも古く、同じくバチカン出

版局から出ている *Lexicon Recentis Latinitatis*（意味は『近年のラテン語表現の辞典』）という辞書によれば、たとえば「ホットドッグ」は pastillum botello fartum「小さなソーセージが詰め込まれた小さなパン」と書かれています。

通貨としての「円」も、新しい方の辞書では nummus Iaponicus「日本の貨幣」という書き方で、かなり説明の方に重点を置いたものになっています。

この方法はどうしても説明が長くなってしまい、加えていつも完璧な説明ができるとは限らないという欠点もあります。

たとえば「バーテンダー」は tabernae potoriae minister「飲み屋の召使い」となっており、バーテンダーのかっこいいイメージとはかけ離れてしまっています。

サングリアも potio mixta Hispanica「スペインのミックスドリンク」という、かなり大雑把な書き方になっています。ところが仮に、サングリアだけにしかあてはまらないような説明を書こうとすると、さらに単語数が増えてしまうというジレンマに陥ります。

宇宙飛行士を表す詩的なラテン語

三つ目の方法は、そのまま書いてしまうことです。たとえばキューバの踊りの一種である「ルンバ」は、そのまま rumba と書かれています。これが一番労力の少ない方法です。

一見手抜きに思えますが、日本語もかなりの外来語をそのまま受け入れているので、私たちになじみが深い方法と言えます。

最後は、イメージが浮かびやすいラテン語を組み合わせる比喩的な方法です。たとえば、宇宙飛行士は nauta sideralis

「星の船乗り」です。一語にまとめるやり方もあり、たとえば飛行機は aeronavis「空中船」です。

　ついでに、古典ギリシャ語を使うという方法も紹介します。たとえば、HAMAXOSTICHUS「列車」は、古典ギリシャ語の hámaxa「車」と stíchos「列」を組み合わせたラテン語なのです。

　ちなみにここに挙げた *Lexicon Latinum Hodiernum* や *Lexicon Recentis Latinitatis* は見出しがイタリア語で書かれているので、使うにはイタリア語の知識が必要です。

　Lexicon Recentis Latinitatis はドイツ語訳もあるので、イタリア語が分からなくてもドイツ語ができる方はこちらをお役立てください。残念ながら、現状、日本語訳は出ていません

ラテン語で喋るニュース番組がある！

　先ほど挙げた辞典は、ラテン語のニュース番組を理解するのにも大いに役立ちます。

　ラテン語のニュース番組があるなんて、とびっくりされた方も多いのではないでしょうか。実はラテン語のニュース番組が現代に存在します。こうした番組があることからも、ラテン語が死語だとは、私はどうしても思えません。

　現代ラテン語についてはここまで見てきたように、古代ローマにないものをなんとかいろんな方法でラテン語で表そうと苦心している人がいます。その苦労が要求されるのは、なんといっても現代社会のニュースです。

　しかもニュースは扱う内容が政治、社会、スポーツなど多岐にわたるので、それを全てラテン語で表すというのは途方もない試みです。それを実行に移したのが NUNTII LATINI

という、フィンランドのラジオ局Yleが放送していたラテン語ニュースです。

この番組は、フィンランドの民族叙事詩『カレワラ』をラテン語に訳したTuomo Pekkanen教授を中心に、1989年に立ち上げられました。

残念ながら2019年に終了してしまいましたが、過去の放送の一部はYleのウェブサイトで聞くことができます（https://areena.yle.fi/podcastit/1-1931339）。ラテン語のニュースというものが実際にどんなものだったのか、ぜひこのサイトで聞いてみてください。

また、この番組は短波放送で日本でも聞くことができていました。放送は週に1回、時間は大体7分くらいでした。

気になる内容としては、フィンランド国内だけでなく外国の話題も取り上げていました。もちろん日本での出来事も報じられていました。

日本に関するニュースの中で最も古いのは1990年（平成2年）11月16日に放送された、天皇陛下（現在の上皇陛下）の即位の礼の中心的儀式である即位礼正殿の儀が行われたという話題です。

ニュースでは警備の規模にも触れられ、その箇所においては、警察官はcustodes publici「公共の見張り番」と訳されています。テロリストはterrorum auctor「恐怖を引き起こす事件を行う人」、テロ行為はattentata「攻撃」と訳されています。

このように、イメージが浮かびやすい単語を組み合わせて現代のニュースをつくっています。

また、このニュースにおいて、天皇陛下はimperatorと訳

されています。imperator というラテン語は元々「指揮官」という意味で、後に「皇帝」を指すようになりました。また、英語の emperor「皇帝」の語源にもなっています。

訳者が様々な工夫をして現代の、しかも異国の話題をラテン語で言い表していたことが分かります。

先述のとおり NUNTII LATINI は現在更新されていませんが、今でも更新され続けているラテン語のニュース番組をいくつか紹介しましょう。

まずはアメリカのウエスタン・ワシントン大学に属するスタッフによって運営されている NUNTII LATINI OCCIDENTALIS STUDIORUM UNIVERSITATIS VASINTONIENSIS で、頻度は高くないですが現在も更新が続いており、インターネットから気軽に聞けます（https://nuntiilatini.com/）。

またバチカンも、話題はカトリック教会中心に限定されているものの、Hebdomada Papae、日本語にして「教皇の一週間」と題したラテン語によるニュース番組を毎週更新しています（https://www.vaticannews.va/ja/podcast/hebdomada-papae.html）。この番組は、毎回、「イエス・キリストは褒め称えられよ（Laudetur Iesus Christus）」というフレーズからはじまるという、宗教色の強いニュース番組になっています。

他にも、Ephemeris という、ラテン語で書かれたニュースサイトがあります（http://ephemeris.alcuinus.net/）。このように、ラテン語は古典語でありながらも現代の出来事を表せる力を持っているのです。

第 6 章

ラテン語と日本

この章では日本の歴史においてラテン語が関わった場面、そして日本はラテン語の文献においてどのように書かれたのかを解説しつつ、現代日本に生きる我々が知らず知らずのうちに触れているラテン語を紹介しています。日本にとってラテン語は、決して遠すぎる存在ではないのです。

『東方見聞録』に描かれた日本

おそらく日本のことであろうとされているいわゆる「黄金の国ジパング」、その伝説は広く知られています。

この伝説の元になった、マルコ・ポーロ（1254頃〜1324）による『東方見聞録（とうほうけんぶんろく）』は現在でもその名前が知られています。この本を通じて多くの西洋人が日本を知ったと言えるくらい重要なものです。

『東方見聞録』はマルコ・ポーロがヴェネツィアから出発して東方に旅行中（1271〜1295）に見たものや聞いたことを獄中で口述したものです。

東方旅行は彼が10代の時にはじまりましたが、帰ってきた時には彼は40代に入っていました。口述をまとめたのはルスティケッロ・ダ・ピサという小説家です。

「獄中で口述」と書きましたが、マルコ・ポーロはジェノア共和国で収監されていた時期があったのです。彼はヴェネツィア共和国の人で、軍人として敵対するジェノア共和国と戦っていました。その折にジェノア側に捕らえられ、監獄に入れられたというわけです。

マルコ・ポーロが口述した言語はヴェネツィアの方言で、ルスティケッロが出した『東方見聞録』は、フランス語とイタリア語の混成語（こんせいご）とも言える、当時の文語で書かれました。

というわけで『東方見聞録』
の原文はラテン語ではないの
ですが、1310年代に訳され
たラテン語版が、ラテン語が
当時のヨーロッパの幅広い地
域での文語だったために広く
読まれることとなりました。

あのコロンブスもこのラテ
ン語版を読み、欄外にラテン
語でメモを書いていました。
コロンブスは黄金の国ジパン

マルコ・ポーロ

グの夢を追った一人ですが、彼がジパングを知ったのは、ラ
テン語訳の『東方見聞録』を通じてなのです。

ちなみにラテン語訳の『東方見聞録』の古い印刷本（15
世紀）は、東京の東洋文庫ミュージアムにもあります。コロ
ンブスが読んだものと同じ訳です。

以下はマルコ・ポーロがジパングについて語った内容のラ
テン語訳です。

> Cyampaguque est insula ad orientem in alto mari
> distans a littore Mangy per miliaria mille et cccc et
> est magna valde.

「ジパングは、Mangy（現在の中国南部）から東に
1400マイル離れている、大海の中にある島である。
そして、それはかなり大きい」

この説明は、そこまで不正確ではないと思われます。しか

しながら、次のような解説もあり、こうした記述から、誤解を含んだ「黄金の国」伝説が広まることになります。

Ibi est aurum in copia maxima sed rex de facili illud
extra insulam portari non permittit.

「そこには金がとてつもなく多くあるが、王はそれがたやすく島外に持ち出されてはならないと、制限をかけている」

Rex insulae palatium magnum habet auro optimo
supertectum sicut apud nos ecclesiae operiuntur
plumbo.

「その島の王の大宮殿は、我々の地（ヨーロッパ）では教会が鉛で覆われているように、最良の金で覆われている」

ジパングが黄金の国であるというイメージはマルコ・ポーロが一人で広めたわけではなく、彼が滞在していた中国の商人たちもそのように考えていました。ちなみに、マルコ・ポーロ自身は日本に来ていません。

おそらく、彼は中国の人たちから日本についての不確かな情報を聞き、それを『東方見聞録』に反映させたのだと思います。

17世紀にローマ市民権を与えられた日本人

マルコ・ポーロが生きた頃から時代はさらに下り、時は江戸時代初期のことです。

1615年、日本では徳川秀忠が将軍だった頃にローマにお

いて公民権を授与された日本人たちがいたのです。彼らは慶
長遣欧使節といい、派遣したのは仙台藩主の伊達政宗、使
節団を率いたのはスペイン生まれの宣教師ルイス・ソテロで
した。

　彼らはサン・フアン・バウティスタ号（名前の意味はスペ
イン語で「洗礼者聖ヨハネ」）というガレオン船（軍船ある
いは貿易船として16世紀から用いられはじめた大型の帆船）
で日本を発ちます。

　メキシコなどを旅し、その後キューバやスペイン、ローマ
などを訪れました。ローマに行った際には教皇パウルス5世
にも謁見しています。その後またメキシコへ行き、マニラに
行ってそこで船を手放しました。

　そのサン・フアン・バウティスタ号はなんと仙台藩で造ら
れました。全て日本人の技術で造られたというわけではなく、
日本と国交を結んでいたスペインの技術を用いて建造された
のです。

　その慶長遣欧使節に関するラテン語の文書が、仙台市博物
館にあります。それはローマにおいて使節団の大使である支
倉常長に与えられた、ローマ市公民権証書です。

　証書は他の使節に対しても与えられたそうですが、現存し
ているのは支倉常長のものだけです。ラテン語で書かれてい
るだけでなく文章のまわりには絵などの装飾があり、見てい
るだけでも楽しいです。これがクリアファイルなどのグッズ
になるのも納得です。

　この公民権証書は、こんな文言で始まっています。

Quod Ludovicus Rentius, Vincentius Mutus de

支倉常長に与えられたローマ市公民権証書

Papazurris, Iacobus Vellus, Almae Urbis conservatores
de illustrissimo et excellentissimo Philippo Francisco
Faxecura Rokuyemon Romana civitate donando ad
Senatum retulere. S . P . Q . R . de ea re ita fieri
censuit.

「母なる都市の保護者であるLudovicus Rentius、
Vincentius Mutus de Papazurris、 Iacobus Vellusが、
大変に有名で優れたフィリップス・フランキスクス・
ファセクラ・ロクイェモンにローマ市民権を与えるこ
とを元老院の議題に載せた。ローマ元老院とローマ市
民はそのことについて、以下のようになるように決議
した」

フィリップス・フランキスクスというのは支倉常長の洗礼

名です。

　ここで「支倉」が「ファセクラ（Faxecura）」と書かれていることに注目してください。このようなローマ字で書かれた史料があるので、17世紀当時は現在のハヒフヘホは「ファフィフフェフォ」と発音されていたと推測することが可能になるのです。

　この証書の他の箇所には、支倉常長が伊達政宗の使者としてローマに来たことについて、ラテン語でpro serenissimo IDATE MASAMUNE REGE VOXV「オウシュウ（奥州）の王であるイダテマサムネ陛下の代理で」と書かれています。

　その当時、伊達政宗は「いだてまさむね」と発音されていたことが分かります。ラテン語で書かれた史料は、こんなことも教えてくれるのです。

ラテン語早慶戦

　さて、今度は文献ではなく、今現在も市中で見ることができるラテン語の話をしていきましょう。

　日本においてはヨーロッパほど街中にラテン語があるわけではないのですが、それでもかなり興味深い碑文が数多く存在します。

　まず紹介したいのが、慶應義塾大学三田キャンパスの東門にある「天は人の上に人を造らず、人の下に人を造らず」という意味の"HOMO NEC ULLUS CUIQUAM PRAEPOSITUS NEC SUBDITUS CREATUR"です。これは慶應義塾の創設者である福沢諭吉の『学問のすすめ』からのフレーズです。

　注目すべきはラテン語の正確性で、この大学で教えていた、ラテン語を専門にする先生方がこのラテン語訳を練り上げた

と聞きました。

　日本語の原文では「天」が主語になっていますが、ラテン語文では「人は誰に対しても上に立つ者として、また下に立つ者として創造されていない」というように、「人」が主語になった受動態の文になっています。これによって、宗教の別なしに受け入れられやすい文になっていると思います。

　また、大学近くの慶應義塾中等部の校舎の壁には「私は道を発見するだろう、でなければ作るだろう（AUT VIAM INVENIAM AUT FACIAM）」と書かれています。これは小セネカによる劇にある台詞が元になっています。

　慶應を紹介したので、次は早稲田大学です。早稲田キャンパスの中央図書館の入り口には、「知恵とは何か、読んで学べ（QUAE SIT SAPIENTIA DISCE LEGENDO）」と書いてあります。

　これは中世に広く読まれた『カトーの言行録』からの引用です。ラテン語文の内容は、図書館にふさわしいものです。

　同じく早稲田キャンパスの演劇博物館の入り口には「全世界は役者を演じている（TOTUS MUNDUS AGIT HISTRIONEM）」と書かれていますが、これは16世紀にロンドンで建てられた劇場「グローブ座」に書かれていたラテン語です（現在のロンドンにある同名の劇場は再建されたものです）。

　ちなみにこのフレーズは、グローブ座で上演されたシェイクスピアの『お気に召すまま』に出てくる有名な台詞「世界は全て一つの舞台である（All the world's a stage.）」の元になっていると考えられています。

街中のラテン語

大学を離れましょう。

京都にお住まいの方は、四条 通にある生活雑貨店、イノ
ブン四条本店の外壁にラテン語が大きく書かれているのに気
づいた方もいるのではないでしょうか。

一番上は「ゆっくり急げ（FESTINA LENTE）」とあり、こ
れはアウグストゥスが自身の標語にしていた言葉だと伝えら
れています。

その下には「私が息をしている間、望みを持つ（DUM SPIRO
SPERO）」と書いてあります。

古代に書かれたラテン語作品の中でこれとまったく同じフ
レーズは伝存していないのですが、キケローの書簡の中に、似
たような一節「病人は呼吸している限り希望はあると言われて
いる（Aegroto dum anima est spes esse dicitur.）」があります。

その下に書かれている「愛は万物を征する（OMNIA VINCIT
AMOR）」はウェルギリウスの『牧歌』に出てくるフレーズ

イノブン四条本店の外壁に見えるラテン語

です。英文学の有名な作品であるチョーサーの『カンタベリー物語』にも AMOR OMNIA VINCIT と載っており、英語圏ではこの語順でよく知られています。

　さらには VITAE SAL AMICITIA「友情は人生の塩である」と書かれています。VITAE SAL が「人生の塩」、AMICITIAが「友情」です。ラテン語では"A B"というように、二つのものを並列すると「AはBである」あるいは「BはAである」という意味になります。

　東京の街中であれば、たとえば渋谷の宮下公園の近くにあるコマツローリエビルの入り口にある彫刻には、VOLAT IRREPARABILE TEMPUS「時は飛んでいき、取り返せない」と書かれています。「時は金なり」という意味です。

　羽田空港の第2ターミナルには「訪れる者たちに平安あれ去りゆく者たちに安全あれ（PAX INTRANTIBUS SALUS EXEUNTIBUS）」と書かれています。これは元々ドイツのバイエルン州に位置するローテンブルク市のシュピタール門に刻まれている、旅人に向けて書かれたラテン語です。空港にぴったりのラテン語です。

ラテン語由来の施設名

　碑文ではなく、施設名そのものがラテン語由来のものもたくさんあります。実際に見に行くことを想定して、場所について細かく書きました。ぜひ行って、実際に確かめてみてください。

　最初に紹介したいのは、東京の大井町駅近くにある、品川区立総合区民会館の愛称「きゅりあん」です。

　この語源はラテン語で「会堂」を意味する curia です。「人

が集まり、ふれあうように」との願いを込めて「きゅりあん」と名付けられたとのことです。curiaという名前は特に「元老院議事堂」という意味もあります。

　ローマの政治関連の語彙が由来になっている施設名としては、他に東京駅近くの「東京国際フォーラム」もあります。「フォーラム」は英語forum「広場、討論の場」が元になっていると思いますが、その英語のforumはラテン語forum「公共広場、市場、裁判」の綴りを変えずに英語に取り入れたものです。

　ちなみに古代ローマにあったForum Romanum（フォルム・ローマーヌム）という大きな広場は、その跡地が現在でも残っており、イタリア語でForo Romano（フォロ・ロマーノ）として一大観光地になっています。

　また古代ローマのforum「公共広場」では裁判も行われていたためラテン語のforumに「裁判」という意味があり、さらにはforumが語源になっている英語のforensicは「犯罪科学の、法廷の」という意味になっています。

　興味深い由来はまだまだあります。施設名ではないですが同人誌の展示即売会「コミティア」も、古代ローマの民会を指すcomitiaが元になっています。「コミック」が元ではないのです！

　東京国際フォーラムと同じ山手線沿線では、港区立男女平等参画センターの愛称「リーブラ」は、ラテン語の「天秤（libra）」が元になっており、男女平等を目指す施設名にぴったりなネーミングになっています。libraに関しては第4章のてんびん座の解説において詳しく説明したのでご参照ください。

施設の役割つながりでいうと、福岡市男女共同参画推進センターの愛称「アミカス」は、ラテン語の「友達（amicus）」が元になっています。

　公共施設では、他にも東京の新宿中央公園内にあるSHUKNOVA（シュクノバ）が挙げられます。シュクの部分は新宿の「宿」、NOVAの部分はラテン語で「新しい」という意味で、新宿の「新」とかけています。

日本の地名・人名をラテン語にする方法

　ラテン語由来の固有名詞の紹介はまだまだ続きますが、ここで、固有名詞のラテン語化について紹介しておきます。

　日本の地名をラテン語で表す時に気をつけなければならないのは、その地名はラテン語として合っているかということです。いくつかの地名は、すでにラテン語に訳されています。

　たとえば東京はTokium（トキウム）と言われています。オ段で終わる日本の地名は末尾が-umに変えられるようで、前章で紹介したラジオニュース番組NUNTII LATINIでは、長野市をNaganumと訳していました。

　ちなみに、ラテン語式の地名はラテン語の名詞として格変化します。「東京にて」はTokii（トキイー）、「東京から」はTokio（トキオー）となります。

　アで終わる地名はラテン語として自然なのでそのままラテン語として使えます。たとえば、盛岡はMoriocaとそのまま書けて、「盛岡にて」はMoriocae（モリオカエ）と言えます。「盛岡から」は最後の音が伸びてMorioca（モリオカー）となります。

　ア段やオ段で終わらない地名であれば、東京のように語尾

を -um に変えるようなことをしない限りラテン語のように格変化させることは難しいので、たとえば「松江に」と言いたいときには in urbem Matsue「松江という都市に」と、補足的な情報を入れると分かりやすくなります。

　人名に関しては、日本式の人名をラテン語式に変えても変えなくても大丈夫です。日本式の人名をラテン語化するルールは、未だ確立していないのが現状です。

　一つ目の方法は名前をそのままローマ字で表すことであり、古代でもローマ人以外、たとえば『旧約聖書』に登場する人物名はラテン語訳聖書においてもヘブライ語式のまま表されていました。

　もう一つの方法として、日本式の人名をラテン語式に変える場合もあります。よく目にするのは、男性名なら -us をつけるというものです。*Via Nostra* というラテン語会話の本では、「渡辺さん」と思われる方が自身のことを「ワタナベウス（Vatanabeus）」と名乗っています。

　-us で終わる人名であれば、格変化させて「渡辺の」は Vatanabei（ワタナベーイ）、「渡辺に」が Vatanabeo（ワタナベオー）、「渡辺！」という呼びかけは Vatanabee（ワタナベエ）となります。

　幸運なことに、「加藤」さんはそのまま古代ローマに「カトー（Cato）」という名前があります。オ段で終わる人名は Cato に合わせて格変化させることができます。たとえば「伊藤の」は Itonis（イトーニス）、「伊藤に」は Itoni（イトーニー）、「伊藤！」という呼びかけは Ito（イトー）です。

　エ段で終わる名前に関しては、古典ギリシャ語の格変化を取り入れたラテン語で表すことができます。*Vita Nostra* では、

ユウスケはラテン語でIusuces（ユースケース）と、古典ギリシャ語のソクラテス（Socrates）のようにしていました。

　ラテン語でも、古代ギリシャの人名は格変化させることができます。これにならえば「ユウスケを」をIusucen（ユースケーン）、「ユウスケの」をIusucis（ユースキス）、「ユウスケ！」をIusuce（ユースケー）と格変化させられます。

まだまだあるラテン語由来の施設名

　話を施設名に戻しましょう。

　ラテン語の-iaという接尾辞は、地名によく用いられています。英語のMongolia「モンゴル」、India「インド」、Slovenia「スロベニア」などが例として挙げられます。

　この語尾を使って名付けられた施設名があります。

　東京の有楽町（ゆうらくちょう）にある、マルイが入っている商業施設「有楽町イトシア」（YURAKUCHO ITOCiA）は「愛しい」と-iaを合わせたもの、そして埼玉県にある川口総合文化センターの愛称「リリア」は、川口市の花であるテッポウユリの英語名lilyと-iaを合わせたものです。

　また、埼玉県の埼玉スタジアムに近いところにあるウニクス浦和美園の名前は、ラテン語で「唯一の（unicus）」という意味です。

　unicusは英語のunique「唯一の」や日本語の「ユニーク」の語源になっています。uni-は「1」を指し、unicycle「一輪車」など、広く使われています。

　他にも、北海道の新千歳（しんちとせ）空港にあるホール「ポルトムホール」はラテン語のPortus Omnibus（ポルトゥス・オムニブス）が元になっており、これは「全ての人たちのための港」

という意味です。

omnibus というラテン語は、現代語においてもそのまま「全ての人たちのための」という意味で使われています。乗り物の「バス」もフランスで用いられはじめた voiture omnibus 「全ての人たちのための車」という表現が元になっています。そしてこれが bus と略されたのです。omnibus 「全ての人たちのための」という単語は、もう少し詳しく解説すると omnes 「全ての人たち」に語尾がついて「全ての人たちのための」という意味になったものです。つまり、bus 「バス」は元々は格変化語尾であり、単語の主要な意味には関係がないのです。

ここで紹介した以外にも、そして私が把握している以外にも、日本中にラテン語由来の施設名があります。お近くで気になった洋風の名前があれば、ぜひ成り立ちを調べてみてください。

漫画に出てくるラテン語

外国でも人気のある日本の漫画作品にも、ラテン語が登場します。漫画だからといって馬鹿にはできない、なかなかに面白い使われ方もあります。

まず紹介したいのは、漫画『黒執事』の16巻に出てくるラテン語の授業です。舞台が19世紀のイギリスなので、学校ではかなりレベルの高いラテン語の授業が行われていた時代です。この場面でプロペルティウスの以下の詩が取り上げられました。

スント　アリクィド　マーネース　レートゥム　ノーン　オムニア　フィーニト
Sunt aliquid Manes: letum non omnia finit,

luridaque evictos effugit umbra rogos.
Cynthia namque meo visa est incumbere fulcro,
murmur ad extremae nuper humata viae,
cum mihi somnus ab exsequiis penderet amoris,

「霊は確かに存在する。死が全てを終わらせることはない。青白い幻影は火葬の炎などものともせず、そこから逃れる。というのは、道路のへりのざわめきの近くで最近葬られたキュンティアが私のベッドに横たわっているのを見たからだ。当時私は、愛する人の葬式のせいでなかなか寝付けずにいた……」

　プロペルティウスはそこまで有名な詩人ではないので、日本の漫画で取り上げられるのは驚くべきことです。

　また、『未来日記』という、未来の分かる日記を所有する人同士で行われるサバイバルゲームを描いた漫画に出てくるそのゲームを主催した神、デウス・エクス・マキナはラテン語で「機械からの神（Deus ex machina）」という意味です。

　この神は、古代ヨーロッパの劇において話が解決困難な局面に陥った時に登場して、一気に話を解決する存在を指します。ここでのマキナ（machina）は「舞台の機械装置」ということです。

　ちなみにmachinaは英語machine「機械」の語源になっており、machina自体の語源は古典ギリシャ語ドーリス方言のmākhanā「装置」です。古典ギリシャ語でもアテネなどの方言ではmēkhanéといい、これは英語のmechanism「メカニズム」などの語源になっています。

　もちろん、古代ローマに関する漫画にもラテン語は登場しま

す。たとえば、もはやここで取り上げずともみなさんご存じの『テルマエ・ロマエ』は、ラテン語で「ローマの温浴場（thermae Romae）」という意味です。

さらに、『テルマエ・ロマエ』を描いたヤマザキマリさんと、とり・みきさんの共作である『プリニウス』という作品もあります。この作品の主人公は、第4章でも話題に上った大プリニウスです。この作品にもラテン語が多く見られ、たとえば登場人物たちがSalvus sis.（こんにちは）とラテン語であいさつする場面があります。

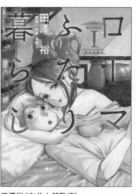

田澤裕（友井太郎監修）
『ローマふたり暮らし』1巻
（スクウェア・エニックス）

他にも古代ローマを舞台にした漫画は、ローマで暮らす新婚夫婦を描いた『ローマふたり暮らし』があり、監修に西洋古典学の研究者が入った、時代考証がしっかりした作品になっています。この作品中にも登場人物がラテン語で話すシーンが出てきます。公衆浴場を楽しんだ妻クロエが、Composita sum.「整った」と言っているのです。

もう一つ古代ローマを舞台にした漫画で紹介したいのは、籠手を用いて戦う拳闘士を描いた『拳闘暗黒伝セスタス』、またその続編の『拳奴死闘伝セスタス』です。

技来静也『拳奴死闘伝セスタス』
11巻
（白泉社）

セスタスというのは主人公の名前ですが、これはタイトルにすでにラテン語が使われています。というのも、「セスタス」は拳闘用の籠手を指すラテン語cestus（古代の読みだと「ケストゥス」）が元だと考えられるからです。また、2023年現在も連載が続いている続編は、ホラーティウスの『諷刺詩』から引用された「人生は人間に、大いなる苦労無しには何も与えぬ（ラテン語の原文はNil sine magno vita labore dedit mortalibus.）」というフレーズで始まっています。

ゲームに出てくるラテン語

　ここまでは漫画について書きましたが、ゲームでは『ファイナルファンタジーXIV』において、攻撃名にラテン語で「より速く」という意味のキティウス（citius）、「より高く」という意味のアルティウス（altius）、「より強く」という意味のフォルティウス（fortius）があります。

　スマホゲームでは『Fate/Grand Order』（FGO）で、登場人物の必殺技（宝具）の名前にラテン語が使われています。

　たとえばロムルス゠クィリヌスの宝具名は「我らの腕は全てを拓き、宙へ（ペル・アスペラ・アド・アストラ）」というもので、ラテン語で「困難を通じて高みへ（per aspera ad astra）」という意味です。このフレーズは、ラテン語の引用句辞典に載っているほど有名なものです。

　ゲームに使われたラテン語で一番有名なのは、おそらく『大乱闘スマッシュブラザーズX』のメインテーマではないでしょうか。歌詞を手がけたのはこのシリーズや『星のカービィ』シリーズの生みの親である、ゲームクリエイターの桜井政博さんです。

　この歌は Audi famam illius. というフレーズで始まります。よく「あの人の噂を聞いたことがある」と訳されますが、「あの人の噂を聞け」がより正確な翻訳になります。「聞いたことがある」だとしたら、ラテン語はaudiではなくaudiiまたはaudiviになるはずです（「私は聞いた」という意味でaudiと書かれた碑文などはあることはありますが、ほとんど全ての場合、ラテン語のaudiという単語は「聞け」という命令です）。

　この歌の中には、Socii sunt mihi qui olim viri fortes rivalesque erant「私には、かつて強い男やライバルだった仲間がいる」という歌詞があり、これはチーム戦について言っていると思われます。

　他に有名なラテン語のゲーム音楽としては、『ファイナルファンタジーVII』の最終ボスであるセーファ・セフィロスと戦う際に流れる曲が挙げられます。

　この歌い出しのEstuans interius ira vehementiは「心の中で激しい怒りに燃えつつ」という意味です。これは『カルミナ・ブラーナ』という、ドイツで発見された中世に作られたラテン語の詩集から引用されたものです。

　その後に歌われるSors immanis et inanis「恐ろしき、空虚なる運命よ」というフレーズも『カルミナ・ブラーナ』からの引用です。

　具体的には、『カルミナ・ブラーナ』収録のO Fortunaという詩からの引用で、この詩はカール・オルフによってメロディが付けられています。そのバージョンのO Fortunaはテレビ番組でもよくBGMとして使われるので、曲名自体を知らない人でも聞いたことがあると思います。

アニメに出てくるラテン語

　さまざまなラテン語の歌があるといっても、そのレベルはまちまちです。たとえば『ダンダリアンの書架』というアニメのオープニングテーマになっている Cras numquam scire の歌詞は、ラテン語に似せた言語で書かれています。

　タイトルにある cras は「明日に」（英語 procrastination「延期」の語源）、numquam は「決して～ない」、scire は「知っていること」（英語 science「科学、知識」の語源）という意味です。

　おそらく歌詞にある日本語「まだ見ぬ明日へ」を指しているのでしょうが、Cras numquam scire 自体は文の形をなしているわけではありません。

　しかしながら、ラテン語を知らない人にとってはこのタイトルも歌詞も、荘厳に聞こえると思われます。

　一方、かなりまともなラテン語で書かれた歌として思い浮かぶのは、『エルフェンリート』というアニメのオープニングテーマになっている LILIUM という歌です。lilium 自体、ラテン語で「ユリ」という意味です。

　歌い出しの Os iusti meditabitur sapientiam は、「公平な人の口は、知恵を考えるだろう」という意味で、これはグレゴリオ聖歌の入祭唱の一つ Os iusti meditabitur sapientiam の歌詞を引用していると思われます。さらにそもそも、この入祭唱のこの部分は、ラテン語訳聖書の「詩編」からの引用です。

　このように、『エルフェンリート』の LILIUM は既存の聖歌のラテン語歌詞を組み合わせているので、レベルの高いラテン語の歌になっています。

　ここに挙げたラテン語が使われた例はほんの一部です。ラテン語を愛する者としては、今後も漫画やアニメやゲームにどんどんラテン語が使われるように願っています。

日本語の起源はラテン語!?

　古代ローマ人が現代日本にタイムスリップする『テルマエ・ロマエ』もかなり奇想天外ですが、日本語の起源がラテン語という説も、同じくらい突飛な考えではないでしょうか。そんな説を大真面目に語った本が現実に存在するのです。

　まずは、通説を見ていきましょう。

　ラテン語をはじめ英語やフランス語、さらにはサンスクリットやヒンディー語などはそれぞれ共通した要素があり、さらに数十の言語とともにインド・ヨーロッパ語族という一大グループを成していることは、広く研究者も認めています。

　それでは極東の日本語はどうでしょう？

　日本語と琉球語は同系の言語とはいえても、その系統と他の言語との関係についてはさまざまな説があります。たとえば日本語はトルコ語、モンゴル語、満州語などのアルタイ諸語と呼ばれるグループと同系であるという説や、日本語は朝鮮語と同族と考える説があります。

　そんななか、『ラテン語と日本語の語源的関係』（与謝野 達 著）という本が2006年に出版されました。この本では、日本語はラテン語を起源としているという新説が展開されています（ただ、著者は言語学者ではありません）。

　たとえば、日本語の「こころ」の語源はラテン語の corculum「小さな心」、「いにしえ」はラテン語の initium「始まり」、「さらば」はラテン語の vale et salve「さようなら、お元気で」

をひっくり返したsalve vale、「おめでとう」の語源はomen datum「与えられた縁起の良い言葉」だと述べられています。

このような例がずらーっと、600ページを超える分厚い本に収められています。私のお気に入りは「転ぶ」がcollabor「倒れる」、「利権」がlicentia「自由、許可」が語源という説です。

ちなみにこの本ではラテン語のcito「速く」が「きっと」の語源として紹介されていますが、日本語の古語にある「すばやく」という意味の「きと」を紹介しなかったのは意外です

「どいつ」の語源としてはラテン語de istudが紹介されているのですが、ラテン語のistud「それ」はdeと共に使われるとde istoという形になります。このような文法上のツッコミどころが、多々見られます。

他にも、「紙」とcarmino「（毛を）梳く」が対応していると書かれています。紙は、漉いて作られるものだからとのことです。

ただし、日本語とラテン語の対応を「紙」に求めるのはかなり難しいと思われます。というのも、製紙技術は東アジアで生まれ、大分遅れてヨーロッパにもたらされて紙が作られはじめたのは中世のことだからです。

全体的に見て、確かにこの本は言語学的には珍説の部類に入るのですが、本の装丁もしっかりしており、書店では他のラテン語関連の本と同じ棚に置かれているので、見た目では全然他のラテン語の本と変わらないです。

なので、ラテン語を知らない人にとっては専門家が書いた学術書であると見えてしまう可能性がありますが、そうした水準を満たすものではないので、お気をつけください。

ウェルギリウスのラテン詩を「直した」日本人

　日本語とラテン語は遠い言語であっても、ラテン語をマスターすることは日本人に不可能ではありません。古代ローマ時代より数千年の開きがあり、イタリアからも数千キロメートルの距離があるここ現代日本にも、伝説的なラテン語の使い手がいました。

　彼の名前は、水野有庸（1928〜2008）です。元々語学に堪能な水野先生は京都大学入学の翌年にラテン語、そして古典ラテン文学に惹かれ、その道にのめり込みました。

　水野先生にまつわる伝説は数々あるのですが、まずは彼がラテン語を教えていた京都大学での授業時間について。

　彼が担当したのは1週間で計4時間ラテン語を教える「ラテン語4時間コース」でした。これだけでもかなり根気のいる授業である印象を受けますが、実際のところは一回の授業が予定通り終わることはあまりなく、夜遅く9時頃まで続く日もあったとのことです。

　授業で扱う内容も文法の解説だけでなく、1年目でもうカエサルの散文やオウィディウスなどの韻文を読ませていました。いずれもラテン語学習1年目の人にはかなり難しいと感じる作品です。

　ただ、こうした「ラテン語道場」ともいうべき厳しいトレーニングは、ラテン語を読む基礎体力のようなものを身につける上で効果的だと思います。

　水野先生は、ラテン語を究めるのであれば散文よりも韻文を中心に勉強すべきだという考えからラテン詩に傾倒し、自身もラテン語で詩を創作するようになりました。

　ちなみに韻文とは決まった音節の形式や音節の数にしたが

って書かれたもので、散文とはそのような決まりがなく書かれたものです。両者は内容で区別されるわけではありません。

　水野先生はオリジナルの詩の創作に加えて日本語の詩のラテン語訳も行い、「どんぐりころころ」などのラテン語訳が本に収められています。

　さらにラテン語で書くだけではなくラテン語でも話し、学会でもラテン語で質問したり他の会員にラテン語で話しかけたりと、なかなかインパクトが強い人物だったと伝えられています。

　先生の著作の中でも外国のラティニストに知られているのが、ウェルギリウスが書いた『アエネーイス』第1巻の改作です。内容に問題があるからと改作したわけではなく、ウェルギリウスの詩は韻律に沿って読もうとしても読みづらい箇所がいくつもあるからという理由のようです。

　ウェルギリウスの『アエネーイス』といえばラテン文学の金字塔と言われる作品で、これに手を加えるというのは大変尊大なことだと考える人もいる一方、この試みを高く評価するラティニストもいます。

　残念ながら水野先生は2008年に逝去されましたが、一度くらい私も水野先生とラテン語でお話ししたかったです。

日本語で読めるラテン語文法書

　ありがたいことに、日本では、ラテン語文法を日本語で学ぶことができます。日本語で書かれた文法書が数々存在するのです。言語によっては日本語で書かれた文法書がない、さらには文法書すら存在しないものもあるので、うれしいことです。

　この章の最後では、そうした書籍の中からおすすめのものを紹介していきたいと思います。本書を通じてラテン語の世界に興味を持たれた方には、ぜひそうした書籍を通じて実際にラテン語を学ばれることをおすすめします。

　最初に紹介したいのは、『基本から学ぶラテン語』（ナツメ社）です。これは、ラテン語の勉強をはじめようとする方におすすめです。見やすいレイアウトで、二色刷りで分かりやすいのが魅力です。

　ちなみに、この本の著者である京都大学の河島思朗（かわしましろう）先生は、私が大学時代に西洋古典文学（古代ギリシャ・ローマの文学）入門とラテン語文法を習った先生です。先生の西洋古典文学入門の授業が面白かったために、私はラテン語のみならずラテン文学にも興味を持つようになりました。

　次に紹介したいのが『しっかり学ぶ初級ラテン語』（山下太郎著、ベレ出版）です。こちらは読む例文も練習問題も多く、「しっかり学ぶ」というタイトルにふさわしいかなりのボリュームの文法書になっています。

　『基本から学ぶラテン語』でまず学び、それから『しっかり学ぶ初級ラテン語』で基礎固めを完了させるのが私のおすすめの学習方法です。基礎は本当に大事なので、ラテン語の基礎は一回やるだけでは足りないと思うからです。

　最初から鍛えられるのが好きな方は、いきなり『しっかり学ぶ初級ラテン語』からはじめてもいいと思います。「しっかり学ぶ」シリーズには古典ギリシャ語版（堀川宏著）もあるので、古典ギリシャ語を学びたい方はその本も大いにおすすめします。

　加えて、この場でぜひ取り上げたいのは『ラテン広文典』

（白水社）です。著者である泉井久之助先生は言語学者で、ウェルギリウスのラテン詩『アエネーイス』全巻を七五調で訳した方です（岩波文庫、現在絶版）。この本が他の文法書とひと味違うのは、ただ文法の決まりを書くだけではなく、なぜそうなるのかまで詳しく書かれている点です。自由だと思われている語順に関しても丁寧な説明がなされており、学習者にとって有益な文法書になっています。

　残念なことに現在は絶版のようなので、興味がある方は図書館などで探してみてください。

　無料で読めるラテン語文法書では、*New Latin Grammar*（Charles E. Bennett著）という、パブリックドメインになっている100年以上前の古い本の日本語訳が、インターネットで公開されています。

　この本は日本ではあまり知られていませんが、古代ローマの文学作品を実際に読む際に役立つ情報や、ラテン語で作文する際にも知っておかねばならないポイントが数々載っており、日本語訳の誤りもあることはあるのですが、かなり有益なものになっています。

　読み物として紹介するのは、『はじめてのラテン語』（大西英文著、講談社）です。この本は新書判で、ラテン語の文法事項が一通り書かれています。練習問題を解きながら学習を進めることはなかなかハードルが高いと感じる一方でラテン語の文法がどんなものか知ってみたいという方におすすめです。

　また『ラテン語の世界』（小林標著、中央公論新社）という新書も、特にラテン語の歴史的な役割やラテン語とロマンス語の関係に興味がある方におすすめです。

　数々の本をここで紹介しましたが、ぜひ書店で見比べて自分に合うラテン語の本を探してください。ラテン語も他の言語を学習する時と同じく、やればやるだけ力がつきます。

　ラテン語が読めるようになれば、2000年前の人が書いた文章がそのまま読めるようになります。加えて、ラテン語を書き、話せるようになれば、地球上にいる他のラテン語話者ともコミュニケーションが取れます。このような言語はなかなか珍しいのではないでしょうか。ぜひ、自分なりのラテン語の楽しみ方を見つけてみてください。

ヤマザキマリ×ラテン語さん

ラテン語 ヤマザキさんとラテン語というと、やはりまずはヤマザキさんが描かれた『テルマエ・ロマエ』が思い浮かびます。テルマエ・ロマエとは、ラテン語で「ローマの温浴場（thermae Romae）」という意味ですが、ラテン語を知らない人にも、あるいは漫画を読む習慣がない人にも、インパクトの強いタイトルだと思います。今では日本において「テルマエ」という言葉は風呂の意味として浸透したと思うんですが、なぜ漫画のタイトルに、ラテン語をそのまま付けたのでしょうか？

ヤマザキ 確かにラテン語はみなさんにはなじみが薄いかもしれないとは思ったのですが、固有名詞としておまじないの言葉みたいにそのうち耳になじむのかなと思いまして。テルマエという響きも日本語にない響きがありますし。このタイトルに決めた当初、漫画家の友達からは「日本の人には分かりにくいから変えたら」って言われたんですよね。でも私は「インパクトはある！」というふうに押し切って。今では普通の会話で、銭湯に行くことを「今日ちょっとテルマエ行ってくるわ」というふうに言う人も出てくるくらいですから、それなりになじんだんじゃないですかね。別になじませたかったわけじゃなかったですけどね（笑）。

ラテン語 まさに狙い通りだと思います。

ヤマザキ イタリア人の夫とも相談してタイトルを決めたんですが、イタリア人の多くからはthermaeは「テルマエ」じゃなくて「テルメ」と発音するんだと言われました。でも私が

調べた限り、ルシウスの時代は「ae」はアエという発音が正しいはずであり、自分の主張を通しました。

ラテン語 現代ではイタリア語でまさに terme（テルメ）と言いますよね。ラテン語も時代が下っていくにつれ発音も変化しているので、現在、主にカトリック教会で使われる発音では thermae を「テルメ」と読みます。それもまた確かにラテン語ではありますが、古代ローマ時代には ae は「アエ」の発音です。物語の舞台であるハドリアヌス帝の時代に合わせた発音であれば、「テルマエ」になりますね。

ヤマザキ イタリア人がそうやってラテン語にいちいち口出ししてくるのは、イタリアでは、高校でラテン語が必須教科になっているからなんでしょうね。ヨーロッパでラテン語習得率が一番高いのもイタリアです。イタリア人はみんな、自分のラテン語知識にそれなりの自負がある。

ラテン語 イタリア人のラテン語へのこだわりが感じられますね。本にも書いたんですが、ローマのマンホールの蓋には SPQR と書かれている。つまりマンホールに至るまでイタリア人はラテン語、そして古代ローマを誇りに思っているんだなと感じます。

ヤマザキ ラテン語は世界を席巻した偉大な言語だという誇りがイタリア人にはあるんじゃないでしょうか。ローマの属州が増えて領地が拡大すればラテン語の使われる範囲もそれだけ広がるわけで。領地内であれば、現地の言葉は違っても公用語としてラテン語が使われたわけですから、いわば今の英語のような存在ですよね。私が 14 歳の時にはじめて一人でヨーロッパ旅行をした際に列車で出会ったイタリア人のおじさんが、私が 1 か月もかけてドイツとフランスしか訪れてい

なかったことにえらくお怒りになりましてね。彼がこの言葉を覚えとけと紙に書いたのが、ラテン語でOmnes viae Romam ducunt.「全ての道はローマに通ず」でした。あとはキケロのCultura animi philosophia est.「魂を耕すことが哲学である」という言葉がありますが、これはイタリアの美術学校に行っていた時に知り合った美術史の先生から教わった言葉です。

ラテン語 ヤマザキさんの人生の重要なタイミングに、ラテン語が関わっていたんですね。

ヤマザキ 私にとって人生を指南してくれた言葉たちですが、イタリアの人たちは、日本の諺のように過去に生きた人々の経験値によって象られた質感のある言葉として用いているように思います。ラテン語は彼らにとって今のイタリア、そしてヨーロッパを築き上げた文化的誇りなのだと思います。

ラテン語 そう考えると、やはり「ラテン語は死語ではない」とより強く感じます。ちなみにイタリア人と結婚され、イタリアで生活されているヤマザキさんから見て、ラテン語はイタリア人にとって日常的な存在なのでしょうか?

ヤマザキ イタリアでは普段の生活でかなり様々なラテン語が用いられています。だから、おっしゃる通り死語とは言えません。Salve.「こんにちは」とかBene.「よろしい」とかgrosso modo（大まかに言って）なんていうのはもうイタリア語として当たり前に使われていますし、たとえば食事の際など「おかわり」と言いたい時、日本語の「アンコール」につながるancora（もう一度）という副詞を用いてもいいのですがラテン語由来の単語を使ったbis（二度）という表現の頻度の方が高い。"Bis!"だとancoraより説得力が強くなる。「本

当においしかったから早くもっとちょうだい」というような勢いも演出されます。

ラテン語 私もイタリア語は一応学んではいるんですけど、これまでイタリア人とイタリア語で会話する機会がなかったので、そういう微妙なニュアンスについて、お聞きしていて今とても貴重な学びの機会になっています。

ヤマザキ 機知というか、ちょっとエスプリを効かせたい時にもラテン語は効果を発揮していますね。日本人だと、あえて古語のように喋るのに近いイメージでしょうか。「トイレに行きます」というのを、「はばかりに行ってまいります」と言うようにね。たとえばlapsus（間違い）。「いつもはできているけど、ちょっと今回は間違えただけ」とか「ごめん、一瞬だけ思い出せなかった」という弁解をしたい時、イタリア語にふさわしいニュアンスの言葉がないんですよ。そんなときは「ほら、つまりlapsusだよ、君にもそういうことはあるだろ？」なんていう具合に誤魔化す（笑）。

ラテン語 ラテン語のlapsus memoriae（記憶違い）に近い使われ方なのですね。

ヤマザキ それそのものです。他には、同調を表したい時にidem（同じく）を使う人もいます。先ほどは古語のようだと言いましたが、ラテン語を日常会話に用いるのは、日本における漢文由来の四文字熟語を使う感覚に似ています。ラテン語さんのようにラテン語に詳しい方との会話はイタリア人も喜ぶと思いますよ。

ラテン語 ありがとうございます。ところで、日常会話ではなく、書かれたラテン語を目にする機会もありますか？　たとえば、イタリアにおいてラテン語に触れられるおすすめの遺

跡などがあれば、ぜひお聞きしたいのですが。

ヤマザキ　古代ローマの遺跡はたくさんありますが、遺跡から出てくる石碑や墓碑などは、だいたい博物館に持っていかれちゃうじゃないですか。だから当時のラテン語に出会いたいのであれば、遺跡に行くより博物館がいいと思います。たとえばローマの国立考古学博物館がおすすめですね。ローマだけでなく、イタリアは各都市が古代ローマの都市の名残のようなものなので、そういった地域の博物館を訪れるのもなかなか面白いと思いますよ。ご存じだと思いますが、石碑とか墓碑には、亡くなった人たちの素性や功績、そして家族がその人に向けた言葉などが掘られています。日本人でいう古文漢文みたいに、イタリア語を知っているとところどころ理解できる言葉が見つかりますが、やはりラテン語が分かっている方が読解は楽でしょう。ローマ市内には様々な皇帝たちの凱旋門やパンテオンのように普通にラテン語が記されている建造物があちこちにありますから、それを目的に散策するのも楽しそうです。

ラテン語　今度イタリアに行く際は、博物館に行こうと思いました。私はラテン語を学んでおきながら、まだイタリアに行ったことがないので、ヤマザキさんが列車で出会われたようなイタリア人のおじさんに怒られてしまうかと。

ヤマザキ　イタリアに行かれたりしたわけではないのに、日本でラテン語に関心を持ったというのが、ラテン語さんの興味深い点ですよね。そもそもラテン語への関心の発端は？

ラテン語　本の「はじめに」にも書きましたが、高校時代の体験がきっかけです。東京ディズニーシーで見たラテン語を、ディズニーマニアの自分としては「絶対読み解きたい！」と

思い、ラテン語をはじめました。それは2010年頃で、『テルマエ・ロマエ』がマンガ大賞を受賞されたのも同じ時期でした。当時の私はまさに、この漫画のラテン語のタイトルに惹かれました。

ヤマザキ 私が『テルマエ・ロマエ』を描いていた時期が、ちょうどラテン語さんの多感な高校生時代だった、ということなんですね。今こうしてラテン語を巡るお話をしているのも、何かのご縁だと思います。

ラテン語 ヤマザキさんは、ラテン語との出会いはどのようなものでしたか？

ヤマザキ 私の家は代々カトリックの家なんですね。賛美歌やミサに出てくる言葉がラテン語ですから、礼拝に連れていかれていた子供時代から当たり前に接していました。教会では私は聖歌のオルガン伴奏を任されていたので、ラテン語さんが第3章で解説されていた「グロリア・イン・エクセルシス・デオ」はよく知っています。キリスト様の時代はこんな言葉を喋っていたのかと不思議な気持ちになっていました。ラテン語というと、真っ先にあの聖歌のフレーズが浮かんできますね。そんなわけで、私にとっては、英語よりも実はラテン語の方が子供の頃から親しみのある外国語なんですね。

ラテン語 カトリックのミサでもラテン語が頻繁に使われるかどうかは教会によってまちまちですが、ヤマザキさんが参加していたミサではかなりラテン語が使われていたんですね。

ヤマザキ うろ覚えですが子供の頃ご高齢の司祭がいらっしゃいまして、彼は礼拝の全工程をラテン語でやられていたと記憶しています。イタリアの神学校を出られた方だったはずです。日本でも昔はラテン語で礼拝をやっていたと言いますか

ら、その名残でしょうね。私は信仰深くないので物心ついてからは礼拝に行くこともなく今はどうなっているか知りませんが、部分的にラテン語が使われることはあるはずです。そんなわけで、言葉の意味が分からないまま、ラテン語の響きに触れていた原体験というのがありますね。

ラテン語 そのような子供時代があって、大人になって古代ローマを舞台にした漫画を描くとは、運命を感じますね。

ヤマザキ まさか後に自分がイタリアへ移り住むことも、古代ローマの世界にハマることも、漫画家になることも考えてなかったですけど、因果関係は明らかにありますね。

ラテン語 ヤマザキさんが古代ローマを描かれた二作品『テルマエ・ロマエ』『プリニウス』は、どちらも帝政ローマの時代が舞台ですね。帝政ローマになる前の共和政ローマ、あるいはそれよりずっと前の王政ローマを描こうと思われたことはありますか？　それとも、ヤマザキさんがお好きな古代ローマというのは、やはり帝政ローマにあたるのでしょうか？

ヤマザキ たとえば『テルマエ・ロマエ』という漫画のコンセプトは、戦争もなく裕福な時代のローマでなければありえない話だと思うんですね。みんなが貧しくて大変な最中に、フルーツ牛乳とかシャンプーハットといったスキマ的産物には誰も注視してくれませんから。古代ローマは1000年の期間がありますが、私が描きたいような比較文化的世界観は、やはり王政時代や共和政時代よりも、経済的にゆとりがあった帝政時代の方が日本と対比しやすい、というのはあります。

ラテン語 今後描きたい古代ローマの人物はいますか？

ヤマザキ うーん。難しい質問ですね。古代ローマ時代はたくさんメディア化していますから、あえて私がやらなくても、

という気持ちはあります。ハドリアヌスは一番好きな皇帝ですがもう描いてしまったし。

ラテン語　その点、『プリニウス』は、大プリーニウスを日本において広く知らしめた画期的な作品だと思っております。大プリーニウスの『博物誌』は、研究者によってもあまり扱われてきませんでした。

ヤマザキ　『博物誌』は、ウェルギリウスやオウィディウスの書物のように、文学というカテゴリで読まれてはいません。そもそもあの人は文学者ではなく、博物学者ですからね。イタリアでもプリニウスは教科書で名前が出てくる程度で、研究者にでもならない限り詳しく調べる人はそんなにいません。

ラテン語　おっしゃる通りで、『博物誌』は国の内外を問わず目立った研究がされてこなかったように思われます。

ヤマザキ　『プリニウス』にしても『テルマエ・ロマエ』にしても、たぶんイタリア人より日本人の方が理解しやすいように思います。自然科学と、浴場文化ですからね。日本も古代ローマも多神教がベースの社会組織です。『博物誌』には数々の怪物や幽霊が出てきたりしますが、現代の合理主義的価値感が根付いたイタリア人には笑い話で処理されてしまうでしょう。でも日本は妖怪文化が根付いている国ですからね。子供の頃から水木しげる先生を大師匠と捉えている私にとって、プリニウスの世界観はまったく難なく入り込むことができました。

ラテン語　古代ローマ人と日本人の考え方で似ている点として他に挙げられるのは、ちょっと言い方が悪いかもしれないんですが、あまり自分たちの文化を一番に思っていなかった節があると思います。まさに『プリニウス』でも描かれていま

したが、古代ローマ人にとってはギリシャ文化がローマ文化よりも上という価値観がありましたし、日本においては江戸時代までは漢文で書くことが主流だったりと、どうしても中国の文化の存在が大きかったですから。古代ローマと日本に共通するメンタリティを、ラテン語、あるいは古代ローマの人が書いたものを通じて感じることができるかなと思います。

ヤマザキ ラテン語はそういった立ち位置的な意味でも、日本人には捉えやすい言語ではないかと思います。この本でも多数、日本語の中に浸透しているラテン語を紹介されていますが、私が思い出せるだけでも、エゴ、ボーナス、フォーカス、ジュニア、プロパガンダ、ウイルスなど、本当にたくさんのラテン語が当たり前のように現代の日本でも使われているわけですからね。

ラテン語 ラテン語がいかに身近かということをこの本を通じてぜひ知っていただいて、多くの人々にラテン語をもっともっと広めていきたいと思っております。

ヤマザキ この本をきっかけにラテン語に好奇心を抱く人たちがきっと増えることでしょう。応援しています。

Profile

ヤマザキマリ

漫画家・随筆家。1967年東京都出身。84年にイタリアに渡り、国立フィレ
ンツェ・アカデミア美術学院で、油絵と美術史を専攻。97年より漫画家と
して活動。古代ローマを舞台にした漫画作品に『テルマエ・ロマエ』『プリ
ニウス』（とり・みきと共作）がある。現在はイタリアと日本に拠点を置く。

主な参考文献

■書籍

『イタリアの黒死病関係史料集』 石坂尚武編訳 刀水書房

『インド＝ヨーロッパ諸制度語彙集Ⅱ』 エミール・バンヴェニスト、蔵持不三也ほか訳 言叢社

『憂い顔の「星の王子さま」―続出誤訳のケーススタディと翻訳者のメチエ』 加藤晴久 書肆心水

『英語発達史［改訂版］』 中島文雄 岩波全書

『黄金伝説1』 ヤコブス・デ・ウォラギネ著、前田敬作ほか訳 平凡社ライブラリー

『完訳 天球回転論』 コペルニクス著、高橋憲一訳 みすず書房

『古典ラテン語文典』 中山恒夫 白水社

『古典ラテン詩の精―本邦からのラテン語叙情詩集』 水野有庸 近代文芸社

『語学者の散歩道』 柳沼重剛 岩波現代文庫

『シェイクスピア全集 ウィンザーの陽気な女房たち』 ウィリアム・シェイクスピア著 小田島雄志訳 白水Uブックス

『宗教改革三大文書 付「九五箇条の提題」』 マルティン・ルター著、深井智朗訳 講談社学術文庫

『植物集説 上』 牧野富太郎 誠文堂新光社

『【図説】紋章学事典』 スティーヴン・スレイター著 朝治啓三監訳 創元社

『聖書 聖書協会共同訳』 日本聖書協会

『『東方見聞録（世界の記述）』1485[?]年刊ラテン語版』 東洋文庫監修 勉誠出版

『東方見聞録1』 マルコ・ポーロ著、愛宕松男訳 平凡社ライブラリー

『肉単―語源から覚える解剖学英単語集筋肉編』 原島広至 エヌ・ティー・エス

『マーグナ・カルタ 羅和対訳』 田中秀央 東京大学出版会

『ラテン語の歴史』 ジャクリーヌ・ダンジェル著、遠山一郎ほか訳 文庫クセジュ

『ラテン詩人水野有庸の軌跡』 『ラテン詩人水野有庸の軌跡』編集委員会 大阪公立大学共同出版会

『ローマ建国以来の歴史5』 リウィウス著、安井萠訳 西洋古典叢書

『ロシアの東方進出とネルチンスク条約』 吉田金一 近代中国研究センター

『ロマンス語の話』 島岡茂 大学書林

"A Companion to the Latin Language" James Clackson, ed. Wiley-Blackwell

"A History of Mathematics" Uta C. Merzbach, Carl B. Boyer John Wiley & Sons

"Architecture and Town Planning in Colonial North America" James D. Kornwolf Johns Hopkins University Press

"Christopher Columbus: His Life, His Work, His Remains" John Boyd

Thacher   G. P. Putnam's Sons

"Columbus' First Voyage: Latin Selections from Peter Martyr's De Orbe Novo"
   Constance P. Iacona, Edward V. George   Bolchazy-Carducci Publishers

"Cynthia: A Companion to the Text of Propertius"   S. J. Heyworth   Oxford
   University Press

"European Literature and the Latin Middle Ages"   Ernst Robert Curtius
   Willard Ropes Trask, tr.   Princeton University Press

"Harry Potter and the Classical World: Greek and Roman Allusions in J.K.
   Rowling's Modern Epic"   Richard A. Spencer   McFarland

"Lehrbuch der Geschichte der Medicin und der epidemischen Krankheiten
   Zweiter Band"   Heinrich Haeser   Verlag Von Friedrich Mauke

"LIVY, History of Rome, Volume V Books 21-22"   Livy   John Yardley, tr.
   Loeb Classical Library

"Nuntii Latini: Latinankieliset Uutiset News in Latin"   Tuomo Pekkanen, Reijo
   Pitkäranta   Suomalaisen Kirjallisuuden Seura

"PLINY, Natural History, Volume IX: Books 33-35"   Pliny   Harris Rackham,
   tr.   Loeb Classical Library

"PLINY THE YOUNGER, Letters, Volume I"   Pliny   Betty Radice, tr.   Loeb
   Classical Library

"PLUTARCH, Moralia, Volume XV"   Plutarch   F. H. Sandbach, tr.   Loeb
   Classical Library

"Psalm Culture and Early Modern English Literature"   Hannibal Hamlin
   Cambridge University Press

"Regulus"   Antoine de Saint-Exupéry   Augusto Haury, tr.   Mariner Books

"Rogeri de Wendover Chronica, sive Flores Historiarum"   Roger de Wendover
   Henry Coxe, ed.   English Historical Society

"Suetonius: Divus Julius"   H. Butler, M. Cary, eds.   Bristol Classical Press

"Sulpicius Severus' Vita Martini"   Philip Burton   Oxford University Press

"The Ballet of the Planets: A Mathematician's Musings on the Elegance of
   Planetary Motion"   Donald Benson   Oxford University Press

"The Codex Fori Mussolini: A Latin Text of Italian Fascism"   Han Lamers,
   Bettina Reitz-joosse   Bloomsbury Publishing

"The Latin of Science"   Marcelo Epstein, Ruth Spivak   Bolchazy-Carducci
   Publishers

"The Life of Copernicus (1473-1543): The Man who Did Not Change the
   World"   Pierre Gassendi, Olivier Thill   Xulon Press

"The Vitamines"　Casimir Funk　Williams & Wilkins Company

"The Vitamins: Fundamental Aspects in Nutrition and Health"　Gerald F.
　Combs Jr., James P. McClung　Academic Press

"VALERIUS MAXIMUS, Memorable Doings and Sayings, Volume I"　Valerius
　Maximus　D. R. Shackleton Bailey, tr.　Loeb Classical Library

"Vox Graeca: The Pronunciation of Classical Greek"　W. Sidney Allen
　Cambridge University Press

"When God Spoke Greek: The Septuagint and the Making of the Christian
　Bible"　Timothy Michael Law　Oxford University Press

■辞書・辞典・事典

『伊和中辞典』（第2版）　小学館

『英語語源辞典』　研究社

『科学用語語源辞典 ラテン語篇』　同学社

『ギリシャ語辞典』　大学書林

『古代ローマ生活事典』　みすず書房

『新英和大辞典』（第6版）　研究社

『新カトリック大事典』　研究社

『西洋古典学事典』　京都大学学術出版会

『中高ドイツ語辞典』　大学書林

『ラテン語図解辞典』　研究社

『羅和辞典』（改訂版）　研究社

『ランダムハウス英和大辞典』（第2版）　小学館

"Dictionary of Medieval Latin from British Sources"　British Academy

"Dictionnaire étymologique de la langue française"(4TH)　Presses
　universitaires de France

"Dictionnaire étymologique de la langue latine: Histoire des mots"(4TH)
　Klincksieck

"Etymological Dictionary of Greek"　Brill

"Etymological Dictionary of Latin and the other Italic Languages"　Brill

"Etymological Dictionary of Proto-Germanic"　Brill

"Langenscheidts Handwörterbuch Lateinisch-Deutsch"(Erweiterte
　Neuausgabe)　Langenscheidt

"Lexicon Latinum Hodiernum"　Libreria Editrice Vaticana

"Lexicon Recentis Latinitatis"　Libreria Editrice Vaticana

"The Concise Oxford English Dictionary"(11TH)　Oxford University Press

"Volume 2: Arabic-English Dictionary: The Hans Wehr Dictionary of Modern Written Arabic"(4TH)　Spoken Language Services

■辞書・辞典・事典 （デジタル／オンライン）

『世界大百科事典』　平凡社
『デジタル大辞泉』　小学館
『ブリタニカ国際大百科事典』　ブリタニカ・ジャパン
"Duden Online"　Cornelsen Verlag
"New Pauly Online"　Brill
"Oxford English Dictionary Online"　Oxford University Press
"Thesaurus Linguae Latinae Online"　De Gruyter

■論文

"Biological Warfare at the 1346 Siege of Caffa"　Mark Wheelis　Emerging Infectious Diseases　Volume 8, Issue 9
"Classification of the Legionnaires' disease bacterium: Legionella pneumophila, genus novum, species nova, of the family Legionellaceae, familia nova"　D. J. Brenner, A. G. Steigerwalt, J. E. McDade　Annals of Internal Medicine Volume 90, Issue 4
"Virology: Coronaviruses"　Nature　Volume 220, Issue 5168

■WEB

「ウルソデオキシコール酸(UDCA)の歴史」　田辺三菱製薬　https://hc.mt-pharma.co.jp/site_t-urso/mechanism/03/
「原始的なほ乳類化石！」　丹波地域恐竜化石フィールドミュージアム https://tamba-fieldmuseum.com/study/fossil/myloskawaii
「大統領就任演説（1961年）」　アメリカンセンターJAPAN　https://americancenterjapan.com/aboutusa/translations/2372/
「日本最古の哺乳類化石、学名は「カワイイ」」　朝日新聞　https://www.asahi.com/special/news/articles/OSK201303270072.html
「ハチミツによる乳児のボツリヌス症」　消費者庁　https://www.caa.go.jp/policies/policy/consumer_safety/food_safety/food_safety_portal/microorganism_virus/contents_001/
"A Capitol Vision From a Self-Taught Architect"　Smithsonian Magazine https://www.smithsonianmag.com/history/a-capitol-vision-from-a-self-taught-architect-91773428/

"Covid lockdown: Why Magna Carta won't exempt you from the rules" BBC
    https://www.bbc.com/news/56295261

"In his final speech, Boris Johnson compared himself to Cincinnatus. Who?"
    The Washington Post https://www.washingtonpost.com/
    world/2022/09/06/cincinnatus-boris-johnson-roman-statesman/

"Internet Message Format" Internet Engineering Task Force https://
    datatracker.ietf.org/doc/html/rfc5322

"SDSU Researchers Name New Species Of Succulent After Legendary
    Guitarist" kpbs https://www.kpbs.org/news/2016/dec/15/new-
    species-of-succulent-named-after-jimi-hendrix/

"The Real Source Behind "Sic Semper Tyrannis"" Medium https://medium.
    com/in-medias-res/the-real-source-behind-sic-semper-tyrannis-
    b2bc3ddc70dc

著者略歴

ラテン語さん（らてんごさん）

ラテン語研究者。栃木県生まれ。東京外国語大学外国語学部欧米第一課程英語専攻卒業。ラテン語・古典ギリシャ語の私塾である東京古典学舎の研究員。高校2年生でラテン語の学習を始め、2016年からX（旧Twitter）においてラテン語の魅力を毎日発信している（アカウント名: @latina_sama）。研究社のWEBマガジンLinguaにて隔月連載中（シリーズ名: 名句の源泉を訪ねて）。ラテン語を読むだけでなく、広告やゲームなどに使われるラテン語の作成や翻訳も行っている。

SB新書　641

世界はラテン語でできている

2024年1月15日　初版第1刷発行
2024年3月25日　初版第6刷発行

著　　　者　　ラテン語さん
発 行 者　　小川 淳
発 行 所　　**SBクリエイティブ株式会社**
　　　　　　　〒105-0001 東京都港区虎ノ門2-2-1

装　　　丁　　杉山健太郎
本文デザイン
Ｄ Ｔ Ｐ　　有限会社エヴリ・シンク
校　　　正　　有限会社あかえんぴつ
編　　　集　　北 堅太（SBクリエイティブ）
印刷・製本　　大日本印刷株式会社

本書をお読みになったご意見・ご感想を下記URL、
または左記QRコードよりお寄せください。
https://isbn2.sbcr.jp/21261/